「囲炉裏暖炉」のある家づくり

絵と文
大内正伸

農文協

はじめに

　私はこのたび香川県高松市の郊外にアトリエ兼用の住まいを新築しました。屋根と外壁はガルバリウム鋼板で、今様の断熱材をほどこした高気密の家です。玄関ドアもキッチンも既製品だし、風呂はユニットバス、さらに鉄製のバルコニーが飛び出しています。昔から思い描いていた理想の家──「民家風」からはほど遠い外観ですが、構造材や内装にはスギ・ヒノキをふんだんに使った無垢の木の家です。
　２階には私が設計した新しいタイプの薪火装置「囲炉裏暖炉」がドンと座り、暖炉の排煙システムを利用したフードや煙突のおかげで、煙を気にすることなく直火を楽しんでいます。そこには建築資材の残りと端材で自作した木製家具が置かれています。

　この家はひとことで言えば、外側には現代の新素材を鎧（よろい）にまとい、内部は無垢の木という自然素材がたっぷり、そして部分的には既製品を利用する、というスタイルです。その中で、冷暖房はできるだけ自然の風と太陽と薪の火にゆだねていく、という暮らし方です。住み始めた今では「これからはこのような家がスタンダードになっていくのではないか」と確信にいたるほど心地よく、気に入っています。
　高名な設計家に頼んだわけではありません。また建築費も特別高いというわけでもありません。ふつうの工務店でも、施主が提案することでつくれる家です。

　ところで、農業の最終商品はお米や野菜や果物ですが、林業の最終商品は木材です。そのお米や野菜を見て農業の姿を描くのはそう難しいことではありませんが、あなたは木材を見て林業の姿を描けるでしょうか？
　林業の主力商品であるスギ・ヒノキがたくさん使われた家に住んでいても、林業の姿を描くことは容易ではありません。まずふつうの家は、家の中に木の感触がきわめて少ないのです。柱や梁は壁や天井に隠され、木のように見える床は塗料を塗られたプリント合板、家具は木目調だけど実は合成素材……という具合です。
　農産物の直売場では作物のパッケージに生産者の名前や顔写真などが付けられることが珍しくなくなりましたが、木の場合は国産材に産地表示があることさえ稀です。たとえ家の中にふんだんに木が見えていたとしても、そこから木を育てたり伐ったりする情景は見えにくいものです。
　日本のどこに住んでいても、車で少し走れば（東京でさえも）山が現われて、木がたくさん植えられているというのに、その手入れのことを知っている人はほとんどおらず、伐採された丸太がどのような過程──流通や乾燥や加工など──を経て、家の

木材に使われていくのかがわからず、ましてやどのような太さや厚みの木が、住宅のどこにどのように使われているのか？　それを知る人は皆無に近い……。

　考えてみればこれは不思議なことで、ある意味由々しきことではないでしょうか。家は人生の多くの時間を費やす場所であるというのに、森の国に住みながら、そこで木の家に暮らしながら、森との関係を思い描けないなんて不幸なことです。

　多くの人が日本の木や森のすばらしさに気付けないでいる理由の一つに、いまだスギ・ヒノキを用いた魅力的な住宅ができていない、ということもあるのではないでしょうか。現代の暮らしに見合った、シンプルでモダンなデザインの中に、日本の森の木材をごく自然に、効果的に導入した住宅のモデル——それが見当たらないのです。

　たしかに少例ですが、スギ・ヒノキを用いた魅力的な住宅はあります。が、それらは高価で、庶民の家にはなりえないものが多いのです。また、そこから値段を落とそうと設備や建具を安いものに引き算していくと、見た目のバランスの悪い、使いにくい家になってしまいます。

　家というものは美しく、機能的で、暮らしやすいものでなければなりません。素材やアイデアはすでにあるのです。具現してくれるのは日本の高い技術を持った職人たちです。そんな家の中で、薪を燃やし、自家製の家具でくつろげば、誰しも木の恩恵を暮らしの中に感じ、森に愛着を感じるのではないでしょうか。

　すると必然的に日本の森——住宅に使われているスギやヒノキの森に興味がわいてくるはずです。それらの森はいまどうなっているのか？　そしてこれからどのように導いていくべきなのか？　それを知りながら、さらに木を上手に使って暮らすことができれば、また大きな貢献になります。

　　水は森からやってきて、生き物を育てます。
　　木は燃えて灰になり、土に還っていきます。
　　森はすべての原点です。
　　言い換えればこの本は、都会でもできる「森とともにある暮らし方」の提案です。

大内正伸

もくじ

「囲炉裏暖炉」のある家づくり

はじめに　1

プロローグ——私の家づくりの経験から　8
　予想以上の美しさに我ながら驚いた／群馬から四国へ／高松で出会った土地／
　台風で熊野の森が崩壊した／人工林問題を電子出版する／日本の林業と住宅建材／
　国産材——スギ横架材を使うという意味／森と共にある家づくり
　● 完成見学会のチラシから　14
　● 完成図面　16

1章　「囲炉裏暖炉」が生まれた——暖炉計画に囲炉裏をドッキングさせてみた　17

1. 暖炉にたどり着くまで　18
　キッチン薪火計画、頓挫す／仕事場の排煙の問題から選択した暖炉／
　燃えている暖炉を見に行く

2. 暖炉の構造と難しさ　20
　暖炉と薪ストーブはどこが違うか？／排煙を促す暖炉のフードと煙突の構造／
　ダンパーの役割／暖炉のどこが難しいか？／薪を燃やすために必要なこと

3. 新築時の火気の制限　24
　予算オーバーで消えた囲炉裏計画／その構造と設置法／地元の石材と鉄でデザインする／
　火災予防条例——新築暖炉の石の厚みは20cm以上、壁から10cm以上離す／
　建築基準法——2階は内装制限がない

4. 制限から生まれた形　27
　「囲炉裏暖炉」案が通る！／制作の苦労／小さな薪で初めての火入れ……まさにこれは
　囲炉裏である／煙を漏らさぬためにすべきこと／ロストルの工夫で灰飛びが激減／
　床への加重と加熱、煙突の納まり

2章　「囲炉裏暖炉」の愉しみ・使い方——小さな炎で最高の豊かさを引き出す　33

1. 親しみある座りの形状　34
　より低く、近く、炎を楽しめる……だから床座りができるスギ材がよい／

イス・テーブルを囲炉裏暖炉に合わせる／

三面開口形・六角炉縁の利点……より多くの人が炎や調理を楽しめる

2. 小さな炎を楽しむ感性　　36

小さな炎を維持しながら使うのが神髄／直火による部分暖房が経済的／端材や小割りした薪でも楽しめる／高性能の家にこそ囲炉裏暖炉／消火は速い、灰をかければ簡単

- ●コラム：囲炉裏暖炉のファイヤーツール　　39

3. さらに広がる囲炉裏暖炉の世界　　40

明かりをしぼって炎のゆらめきを愉しむ／燃え方が静か、音楽との相性は抜群！／
夏の囲炉裏暖炉もいいものだ／就寝前に身体を温める健康法はいかが？

- ●フォトギャラリー　　42

4. 実践、囲炉裏暖炉で料理！　　44

灰の上が広く豊かな調理場になる／木灰そのものもいろいろ使える

3章　日本の木で美しい家をつくる──セオリーを外し・守り、未来のスタンダードな家を目指す　　45

- ●フォトギャラリー　　46
- ●コラム：家づくりのはじめに──森を思うコンセプト　　48

1. 敷地の特性を考えて　　50

パルテノンは使わない／まずは地盤と上水・下水の問題／庭と畑をどう考えるか

2. 設計の要点　　52

私たちの要望／外観のイメージと屋根・壁材／平面計画／ポーチとバルコニー／
木構造へのこだわり／24時間換気は必要か？／現し天井と階高

3. 素材を選ぶ・運ぶ　　56

合板を使いたくないわけ／合板はここに使う（屋根下地、天井、建具）／
ヒノキ丸太を運ぶ・刻む／ユニットバスで妥協する／階段手すりはアイアンで／
手水鉢を買いに砥部の窯元へ／銘木屋で私流に木を選ぶ／木材乾燥とプレカットの問題／
木材の流通は闇の中／天然乾燥材・低温乾燥材を探して……徳島、木造住宅展示場／
製材所を見学する……その1・尾鷲／製材所を見学する……その2・久万

- ●コラム：住宅資金と工期との関係　　65

4. 現場に通う　　66

地鎮祭から着工まで／ほぞを刻む、上棟、丸太柱入る／上棟式と棟札／煙突用フラッシング取り

付け／壁と断熱材吹き付け／弱冠28歳の棟梁の腕前／漆喰を塗る／鉄工所製のバルコニー

5. 室内は窓・軸線・影で見せる　76

大壁で窓を美しく／窓枠は上小節（節のない）のスギで／建具はケチらない／スギ材の幅木と廻り縁／節あり・節なしスギ材の配置／骨太民家に匹敵する美しさを

- ●コラム：ミニマルな美しさが内蔵されているということ　80

4章 余り残りの木材から簡単家具をDIY
――角材・板材はインパクトドライバーで生きてくる　81

1. 残材・端材を有効利用　82

無垢材の家では大量の残材が出る／残材を仕分けする／角材・板材工作の利点と注意点／インパクトドライバーが開く新たな木工の世界／基本は無塗装で仕上げる／ハツリで変化をつける／バラ板の位置を確認

2. 必要な手道具　84

必要なものだけ買う／鉋はまず使ってみる／ノミは数種類／差し金、巻き尺／金槌は大小2本／ノコギリとノコ引き定規／斧（ヨキ）／けびき（罫引き）／墨壺／水準器

3. 制作実践編・テーブル類　86

ちゃぶ台を再利用した丸テーブル／パーティクルボードにブロックを組み合わせたアイランドテーブル／床柱の余り材を利用した1本脚テーブル／床板の端材利用のテーブル（トチノキ）／床板の端材利用のテーブル（スギ）

4. 制作実践編・机棚と本棚　91

天板を載せればテーブルができる机棚／フローリング材と足場板を使った本棚

5. 制作実践編・イス2題　94

キッチン用の「スツール」をつくる／「ピカソのイス」をつくる

6. 制作実践編・梯子と踏台　96

ロフト用のムカデ梯子をつくる／下屋の踏台

7. トイレのペーパーホルダー　98

埋木錐（うめきぎり）でつくる木栓を使って

8. 板と和紙でつくる照明器具　99

白壁に似合う間接照明兼ブックライト

- ●コラム：丸太のほぞの刻み方　100

● コラム：スギの足場板活用法　　102

5章　熊野の森で、崩壊するスギ・ヒノキ林
　　　　　　　　　　――人工林を放置するとどうなるか？　急げ「手入れ」　103

1. 熊野の玄関口と間伐技術　　104
もっとも重要な技術「間伐」／熊野の森の玄関口で／枯死・風倒の少ない
熊野の気候風土／熊野霊場への起点「滝尻」が大崩壊

2. 限界成立本数と那智の滝　　108
間伐と年輪／古座川の森の「限界成立本数」／金山集落の崩壊跡地／
滝の上のスギ・ヒノキ植林地／原生林はわずかに残るだけ　明治期からの濫伐で山林荒廃／
拡大造林で人工林率85パーセント、変わらぬ林業政策／
水害でダメになった新建材の家と建具を変えて蘇る在来工法の家

3. 熊野古道とシカの食害　　112
古道の中の廃屋と石垣／崩壊地とシカ／熊野古道の9割は人工林／
涼風が照葉樹林の奥深さを教えてくれる

4. 熊野地区と安川渓谷　　114
様々な修復工事が継続中／延々と奥に続く過密な人工林／
コウヤマキの林とシャクナゲ咲く名渓／水源の森は照葉樹とブナ林

5. 水辺の崩壊地と渓畔林　　118
川を破壊する土砂崩壊／渓畔に広葉樹を残す意味／あの天河大弁財天社が三つ巴の崩壊に

6章　木の家はどんな森を欲しているか？――そしてどこに向かえばよいか　121

1. まず山林のレイアウト　　122
先人たちの遺産・財産である山／昔の山と今の山／水系に影響を与える山の姿／
海と森との関係／理想の山のレイアウト

2. 理想とする人工林のカタチ　　125
過密な人工林はどこがいけない？／健全な人工林はどんな姿？

3. 木の生長と間伐の科学　　126
自然に木が生えてくる日本の山／模式図でみる植林木の生長／間伐しないと下枝が枯れてく

る／中層に広葉樹があることが重要／公的な間伐の実態／木が太れず森が回復しない

4. 北米のベイマツの姿　　130
天然ベイマツと植林ベイマツ／社有林が日本の四国と同じ広さ／
夏冷涼で乾燥する気候の下で／天然の針葉樹は厳しい場所で育つ樹種

5. 針広混交林・長伐期施業へ　　131
日本ではリスクの高い畑型林業／針広混交林で密度管理する／皆伐せずに長伐期施業を目指す／中〜大径材にすることの意味／広葉樹も用材として生きてくる／
スギ・ヒノキの新しい時代へ

註　　134
参考資料　　135

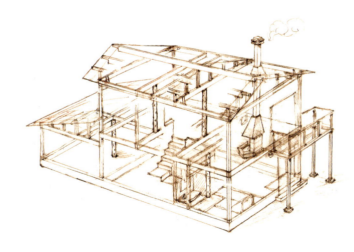

イラスト：大内正伸
写真：大内正伸・大内百合子・細川佳嗣（74下 75上）・柳川ゆたか（106下）
編集協力：(有) アンシング・ホーム
DTP レイアウト：Tortoise + Lotus Studio

プロローグ──私の家づくりの経験から

予想以上の美しさに我ながら驚いた

　工務店との出会いから設計に約1年、そして約半年の工事期間を経てようやく床の養生シートがはがされ、新築家屋の全貌が現われた。真新しいスギ・ヒノキの木肌と、爽やかな漆喰の白、私たちが山から運んで皮を剥き、刻みを入れて納めた丸太、そして囲炉裏暖炉とアイアン手すりの黒。とくに漆喰の白に対比されるスギの木肌が凛と輝いて、予想以上の美しさに我ながら驚いた。冗談ではなく「まるで式年遷宮のときの伊勢神宮みたいだ……」などという言葉が、思わず口をついて出そうになったほどである。

　森林ボランティアから林業に関わり始めてちょうど20年、私はついに国産材のスギとヒノキで、この四国の地に家を建ててしまったのだ。

群馬から四国へ

　7年続いた山暮らしから、突然の都会暮らしになった。香川県高松市、商店街のアーケードの一角にある鉄筋建ての3階に私たちは住み始めた。外に出ればすぐに三越デパートや紀伊国屋書店があり、讃岐うどんが安くて美味しい。

　ことの起こりは2011年の春、東日本大震災に遭遇し、私たちの住む群馬でも震度5強という揺れに見舞われた。自著『「植えない」森づくり』のDTP制作まっただ中で、あとがきと校正を残すのみという追い込み段階のときであった。

　借りていた古民家は、継ぎがある細い柱に傾きが見られる造りだったが、幸い無事。ところが私の地域では、事前通知なしの「計画停電」が起きてパソコン作業に支障をきたした。さらに原発事故の影響にも一抹の不安を感じて、震災から数日後、パートナーYの実家がある四国高松に、一時避難したのである。

　翌4月、群馬の借家を管理する不動産屋から「土地と家屋の購入を検討してほしい」と連絡を受けた。契約時に「将来は土地家屋を購入する方向で」という借家の条件を提示されてはいたが、今回の契約更新時に購入してほしいということになり、資金のめどが立たない私たちは、この期に引っ越しを促されたのであった。

　Yの実家の好意でビルの一室をお借りし、そこにインターネットを引いて自著は無事上梓され、その後、私たちは高松へ荷物を移動した（置き場所の問題から荷物を制限する必要があり、このとき細かな道具類などはおかた処分してしまった）。

仮住まいの近く、高松市丸亀町商店街。アーケード再開発の成功例として全国から多くの視察者が訪れる

高松で出会った土地

群馬在住時代から取材の行き帰りに頻繁に立寄り、Yのご両親と交流を深めていた高松で、こうして思いもよらぬ居候(いそうろう)暮らしが始まったのである。

久しぶりの都会の風を楽しむ一方、私たちは次なる住まいのアイデアを練った。

当てがないわけではなかった。Yの実家が所有している土地が郊外にあり、一部は駐車場に貸していたが、残りは空き地で、私たちはそこに車を置かせてもらうかわりに、草刈りの管理をしていた。実は群馬時代にもここは訪れていて、邪魔な木をチェーンソーで伐採する手伝いをしたことがあったのだ。

山に果樹園があり、海が遠望できるなかなかのロケーションだった。ところが細長い敷地の真ん中に鉄筋コンクリートの基礎と柱とスラブだけの構造物が建っている。それはススキやクズに覆われた荒れ地に「うらぶれたパルテノン神殿」という風情ですっくと立ち、瀬戸内の女木島を望んでいた。Yの祖父の代に建てたものだが、事情があって工事が中途のまま放置されたものなのだ。亡き祖父はこの地で畑をやり、釣りを楽しんでいた（昔はため池が隣接していた）──そんな姿をYは覚えているという。

私たちはここを借地し、家を建てようとイメージした。当然ながらまずセルフビルドを考えた。既設のパルテノンの上に木造の構造物を建ててみるか？ しかし上下水などの条件が厳しそうで、しかも土地区分は山林ではなく都市計画区域であるから、新築の際は認可申請が必要になる。

そんなとき大学時代の後輩から突然連絡をもらった。当時の「釣り同好会」の仲間なのだが、同じ県内で工務店をやっているという。木造軸組の建築を手がけており、その作風をホームページで確認した。その後、後輩が手がけたという居酒屋で飲み、お互いの情報を交換した。

後輩は四国の木を使うことにも意欲を見せていたが、長年林業に関わってきた私のこだわりをどこまで理解してくれるだろうか？ そんな不安を抱えながら、パルテノンの立つ土地を見てもらうことになった。

台風で熊野の森が崩壊した

中学校のとき社会科の地図帳を眺めていてとても気になる土地があった。それが紀伊半島──熊野だった。なぜかわからないのだが「ここに居たことがある」と

敷地の草刈りする私。ここは畑になる位置。既設のパルテノンの向こう側（車が見える所）が建設予定地。道向かいは果樹園と雑木林

いう懐かしい感覚、「ここに行ったときにはきっと強い既視感（デジャビュ）がある……」という不思議な感覚を持っていた。

しかし熊野は遠く、関東から手軽に旅ができる距離ではない。これまで林業つながりで和歌山、奈良、伊勢と尾鷲まで行ったが、その奥の本宮や那智、枯木灘海岸……憧れの熊野には足を伸ばす機会がなかった。

最初に熊野を訪れたのは、2001年の11月——まだ東京に暮らしていた40代のときだ。私は2冊目の林業本（鋸谷茂氏（おがや）との共著）を書いていた。その最終原稿を書き上げた直後、脱稿の記念として旅を計画した（本のタイトルを熊野の旅の中で考えたいと思ったのだ）。ちょうど熊野古道が世界遺産に登録される直前で、その話題に盛り上がっていた頃である。

その熊野の山が、東日本大震災の年（私たちが引っ越ししたその秋）に台風の雨で大崩壊を起こした。最初に熊野を訪れたとき、急峻な山に間伐（※）遅れの人工林がびっしりとあるのに驚いて「このままでは大変なことになる」というようなことを日記に書いていたから、とうとう来たか……という思いがあった。

※植えた木を生長の過程で適度な本数に間引いていく作業。間伐した木は使わないで山に捨て置く場合もある

ところが、テレビニュースや新聞報道は「深層崩壊」という言葉に終始するばかりで、荒廃山林についてはまったくといっていいほど触れない。タブレットのiPadを入手し、Googl Eerthで崩壊地を調べてみたが、崩壊地の多くはやはりスギ・ヒノキ人工林だった。しかもその崩壊面からうかがわれるのは、ほとんどが過密な線香林であるということだ。また、航空写真であらためて熊野の人工林の膨大な広さを知覚して、震え上がったものである。

人工林問題を電子出版する

森林荒廃の問題がニュースで露（あらわ）になれば、世界遺産の観光振興に水を差すことになる。しかし問題を先送りすればふたたび悲惨な崩壊が起きかねない。震災直後に出版した『「植えない」森づくり』ですべて出し切ったので、以後森林について書くことはあるまいと思っていたのだが、さすがに看過できず、ホームページでその問題を指摘・発信した。

すると2013年の初頭に「熊野の森ネットワーク・いちいがしの会[*1]」から講演を依頼され、和歌山県上富田町で人工林問題について話すことになった。

翌2014年、その講演録を電子書籍にまとめ、私の出版専用サイトで販売し始めた。電子出版にしたのはオールカラー版が容易につくれるからで、林業書はカラーで写真や図版を表現すると非常にわかりやすいものになるのだが、それでは単価が高くなって紙の本では出版しにくい事情があるのだ。

この講演を機会に熊野に友人・知人ができ、かの地を頻繁に訪れるようになった。関西圏に住んでいなければおいそれとは行けない熊野だが、私は四国に越して熊野を描く機会を与えられたといってよい。

熊野の崩壊地を調査するたびに、日本の林業はなぜこんな悲惨な袋小路まで追いつめられたのか？　と思わずにいられなかった。日本には世界に冠たる木造技

2011 紀伊半島豪雨による那智の滝上流部のスギ林崩壊地

術があり、草木の繁茂に恵まれた特異な気候風土を持ち、それをバランスよく繋いでいけばすばらしい木造文化が展開できる素材・素性があるというのに……。

一方で、住宅産業の人たちは、その日本の森の実情を詳しく知らない（森が荒れていることは漠然と知っているが、そのメカニズムや解決策を知らない）。彼らは安く品質の良い素材でクレームのでない家を売るのが至上命令であり、国産材に目を向け始めたのはごく最近のことである。

自身の家づくりと熊野行きが重なったこのときに、いろいろと考えさせられたものである。日本の森と現代の家――なんとも不可解な関係なのだ。

日本の林業と住宅建材

林業の最終商品は木材であり、その主要な使い道は住宅建築である。家は暮らしの核になるもので、それは雨風をしのげるただの箱でもいいのだが、建築は芸術にまで高められるものだ。家は風景をつくりながら人の健康や精神にも深い影響を与える。

一方で林業は一つの産業に違いないが、そのフィールドは広大で公的な森林環境をともなう。だからいくら産業だとはいっても、山を荒廃・崩壊させるような施業は慎まねばならない。

たとえば経済的に有利になるように、山からできるだけ多くの木材を産出しようとすると、環境的にはよくない山になりがちである。そのような木の仕立てを40〜50年程度の短いサイクルで循環すれば、山から養分が奪われるばかりでさらに荒廃していく。

もちろん手入れを怠れば元も子もなく、間伐が遅れた熊野の山々はまさにそのような状況になっている。これは熊野に限ったことではなく、広く全国的な問題でもある。

昨今では間伐の補助金が切り捨てでは貰えず、出材することが条件[*2]になってきた。これは結果的に強度間伐を誘導することになった。技術的な部分が曖昧なまま、にわかに作業道を入れ、強度間伐で出材すればいろいろ問題も起きてくる（安易な作業道が原因の山崩れ・伐り過ぎによる風雪害・良材が残らない森……など）が、とりあえず大量の木材が川下に流れ始めたのである。

その木材が住宅建築にきちんと還元されていればいい。しかし、残念ながらそうではないのだ。全国でも屈指の間伐施業を展開する森林組合で私が直接聞いた話だが、ここでさえ伐採した木のうち市場に出せるのは全体の2割程度ということだった。工務店に直接まわるものが同じく2割、残りの6割はチップ、集成材、合板の工場に、ほぼ同率で買い取られるという。ましてや放置された荒廃林の場合、きちんと製材されて家づくりに使われる良木はごくわずかということだ。

これは手入れの不備のせいなのはもちろんだが、住宅産業が「クレーム産業」なので規格・精度に厳しいということもあろう。また、現在の住宅産業では曲がり木は最初から使う気がない、ということもある。さらに梁や桁という横架材が採れる太い木が少ない（間伐が遅れて全体の木が細いまま「線香林」化し、太ることができない）という問題もある。つまり、日本の住宅は未だ国外に依存している割合が多いのである。

国産材――スギ横架材を使うという意味

木造住宅で大きなウェイトを占めるのが梁や桁という横に使う構造材――横架材（おうかざい）である。木材は柱にして使うとき縦の圧縮には強いので細い木でも十分使えるが、横架材はそうはいかない。長いスパンを飛ばそうと思えば柱の2〜3倍の断面が必要になる。

だから横架材は住宅に使う構造材の1/3以上の材積を占めるといわれるほどの心臓部で、しかも価格的にも大きなウェイトを占めるのだが、これらは輸入木

材（主に北米のベイマツ／ダグラスファー）が大半を占め、現在では接着剤で太く繋ぎ合わせた「集成材」も多く使われている。建築家やデザイナーが関わるモダンな木造住宅では、柱やフローリングは国産材であっても、この横架材は輸入木材か集成材という例が多いのである。

輸入木材のおかげで戦後の復興期に日本の山林を伐らずに温存できた、という側面もあるのだが、これだけスギ・ヒノキが植えられている今、遠く海を越えて大型船で運ばれてくる木材が住宅の心臓部に使われているというのは情けない話である。

また、外材は船積みの前に殺虫剤や防カビ剤が注入・燻蒸されているので、家の中でむきだしで使うときはその放出が心配になる。集成材は製造行程が複雑で、製材・加工コストが高く、使われる接着剤は有害物質を放出し、長期の耐久性は検証されていない（そして廃材を燃やしたとき有毒ガスが出る）。なにより梁をそのまま見せるように使ったときに頼りなく見え、美しくない。

今後の日本の木造住宅にとってスギの横架材は非常に重要なパーツである。ここにスギを使うか否かで住宅の表情は大きく変わってしまい、美的なバランスがとれなくなる。それは価格的な面からも、日本の森の現況と今後の維持・保全という点からも、唯一無二の選択といっても過言ではない。

日本全土の森林面積のうち、スギ林は約5分の1[*3]を占める。それほどスギの資源は蓄積している。結局、間伐をしっかり行なって大径材が育つような森づくりを維持すれば、日本の木材だけで美しい家がつくれる。そのような山はまた下草や雑木も中に育ち、環境的にも非常にいい山になる。そこに実生を活かした（もしくは部分的に植林する）育林のサイクルをつくればよい。日本のような気候風土では、長い目でみればこれがもっとも理想的（低コストで持続的）な林業の形態なのだ。

森と共にある家づくり

もちろん、今ある太さのスギ・ヒノキを現代の家づくりに効果的に使うアイデアも必要だ。今回の家づくりでは、部屋の中央に見せる重要な柱に、あえて山から運んだ節だらけの丸太（住宅市場には出せないB材）を自分たちで皮むきし（**左写真**）、ほぞ[*4]を刻んで使ってみたが、これはデザイン的にも効果的であった。

横架材はもちろん、床材もすべてスギ材を使った。これらはみな節だらけの木だが、一方で窓枠や建具枠には同じスギでも上質の無節に近い材（上小節）を使い、漆喰壁と組み合わせることでバランスのよい美しい空間ができた。

無垢の木をふんだんに使った家づくりでは、かなりの量の残材が出る。フローリング材などはロットで購入するので余りが出るのと、間柱や窓枠などを加工するとき切った残りが出るのだ。昔ならカマドや風呂などの焚き物に使われたこれらの残材だが、現在では捨てることが多いという。私は工務店と大工に頼んですべて残しておいてもらい（**次ページ写真左**）、家の完成後にその材料で家具類の一部（本棚やテーブル、イス、照明器具など）を手づくりした。

また、今回の家では新しい薪火アイテム「囲炉裏暖炉」を導入した。これは囲炉裏と暖炉をドッキングさせたような構造で、煙突で排煙しながら囲炉裏のように使える。炎の囲炉裏は煙の問題から現代生活では使

棚田の活動場所でヒノキ丸太を貰えることになった。それを皮むき玉切りして、家づくりの一部に使ってみることにした

いづらいものだが、それが解消されたのだ。さらに細い薪を使うことができるので、今後とも日本の山から大量に出るスギ・ヒノキの枝や端材で薪火を楽しめる。

もちろん工作にも使えないような端材や木工クズなどは、ここで焚き付けや薪にして使い、灰が増えれば畑にまけばよい（肥料・土壌改良材となり、土に還る）。

家の形は2階建ての切り妻屋根に、片流れ屋根の下屋を合わせたごくシンプルなものである。内部もほぼ半間＝0.91mのグリッドから導き出された間取りで、凝った仕掛けはしていない。工務店の設計士に基本的なプランをつくってもらい、私たちがそれに注文をつけて改変しながら、家の形ができた。窓の位置を熟考し、「囲炉裏暖炉」をオブジェとして見立て、家具類を慎重に選択配置すれば、単純な箱でも十分満足できる空間がつくれる。これは、スギ・ヒノキ、本漆喰といった日本固有の素材と、高度な技術を保持した職人さんたちが居てこその賜物である。

ただし予算的な制約から、いくつかの妥協は飲まねばならなかった。たとえば主要構造材に高温乾燥材とプレカットを使うこと、一部は合板やビニールクロスを使うこと、風呂やキッチンは既製品にするなどである（しかし住んでみるとこれらは利点も多かった）。

もっともすべて理想的な素材を使って予算がふくれるなら、普通の人の参考にはならない。私はこの家づくりの物語を、日本の森を思いながら現代において美しい家をつくるときの、スタンダードな一例として提示したいと思うのだ。

そして、そのような家からどんな森づくりが見えてくるか？　熊野の森の現状とともに、その未来の森の姿も描いておきたい。

写真上：無垢の木の家づくりでは大量の端材・残材が出る。それを捨てずに取っておき、DIYや薪材に利用する

写真右：完成した家の正面。屋根と外壁はガルバリウム鋼板。切り妻屋根2階建て、裏に片流れ屋根の下屋（平屋）がつく。外側は新素材だが中に入ると無垢の木いっぱいの空間が現れる

玄関の絵を照らすスポットライト。壁は本漆喰。
天井板＝2階の床は低温乾燥「愛工房」のスギ材

予算の関係から平屋の下屋（工房兼倉庫）は断熱
材と内壁なしの仕様で、梁もむきだし

私が手斧でハツったヒノキ丸太の床柱

床の間の板はトチノキとスギの二段

2階床板は30mmのスギ板。階段の手すりはアイアンで1階から延びてくる

完成図面は次ページ →

◀ 囲炉裏暖炉の初火入れ。炉縁は六角形

Tortoise + Lotus studio

立面図

東側

北側

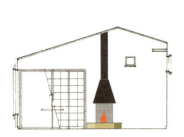
囲炉裏暖炉・正面図

西側

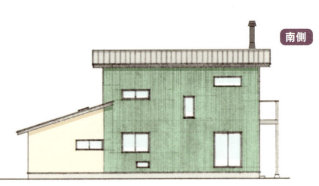
南側

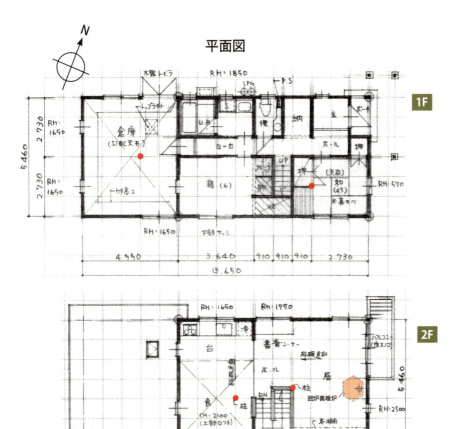

※赤丸が施主持ち込み丸太（4本）の位置

工務店の作図を元に筆者が彩色・加筆しました

1章

「囲炉裏暖炉」が生まれた

暖炉計画に囲炉裏をドッキングさせてみた

1 暖炉にたどり着くまで

キッチン薪火計画、頓挫す

　これまで山暮らしを経て様々な薪火を使ってきた。新居でも薪火を暮らしの核に据えたい。四国に移動するとき引っ越し荷物は数少なく厳選したのだが、その中には鋳物カマドや薪風呂窯などもしっかり入れてきた。しかし、台所のコンロまで薪火にするのはどうか？

　ダイニングキッチンと居間・仕事場は、海の望める２階に置く。これは動かせない。実は工務店との打ち合わせのとき２階台所を薪火でやるプランを出してみた。ロケットストーブや七輪、はたまたインド料理に使うタンドールなどを組み込むというとんでもないアイデアだ。そのスケッチを見て大学時代の後輩である工務店の社長の目が点になった。そして「まあ、それは１階の下屋（土間）でやりましょうよ……」と呆れられつつ却下された（笑）。

　台所には順当にガスを引くとして、暖房だけはなんとしても薪にしたいわけである。

　ふつうなら薪ストーブ。しかし私は『囲炉裏と薪火暮らしの本』（※）というのを書いている。つまり炎がそのまま味わえる直火が断然好きだ。薪ストーブは鉄の箱で空間全体を暖める装置で、炎は閉ざされてガラス越しに見るものだ。一方でカマドや囲炉裏の火は、炎や炭の暖かさがダイレクトに身体に伝わる。小さな火でも暖かいから、薪の使用量は少なく済む（ただし薪ストーブのような部屋全体を暖める機能は弱い）。

　ゆらめく炎を眺めるのはなんとも癒される。薪をくべて炉の形を整え、炎の世話をしながら暖をとり調理を楽しみ、語り合う。これには直火の炎がいいのである。

※囲炉裏のつくり方・使い方から料理までをつづったノウハウ本。趣味の炭火使いではなく、暮らしの直火使いを提唱。七輪やロケットストーブなどの解説もあり。「薪火（まきび）」は焚き火と炭火を包含した筆者の造語

　しかし、今回の新築の家に「炎の囲炉裏」を設置するのは現実的ではない。排煙の問題があり、灰飛びで床を掃除する手間がかかり、同じ部屋にパソコンや本などを置くことができない。大きなワンルームの２階の中に、ダイニングと仕事場と暖房を一つに置きたいプランなのでなおさらだ。

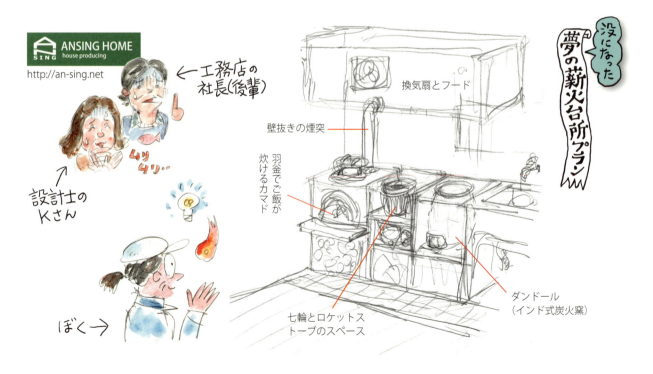

没になった夢の薪火台所プラン

←工務店の社長（後輩）
↑設計士のKさん
ぼく→

換気扇とフード
壁抜きの煙突
羽釜でご飯が炊けるカマド
ダンドール（インド式炭火窯）
七輪とロケットストーブのスペース

仕事場の排煙の問題から選択した暖炉

　山暮らしのときは、台所のある土間続きの囲炉裏部屋と、煙と灰飛びをシャットアウトできる居間とをくっきり分けていた。囲炉裏部屋は台所と続く調理の場でもあり、多少の煙たさと灰飛びはあたりまえと許容し、直火のよさを最大限に味わう空間とした。一方で居間は、障子やガラスの引き戸で囲炉裏部屋と分け、炭を使って（具体的には行火*5を利用したコタツや、陶製の火鉢）煙や灰汚れを避ける工夫をしていた。

　これはこれで、ハードな山暮らしの中では便利なものだった。畑や敷地の手入れから帰ってきたときに、土間続きの囲炉裏部屋はすぐに火に当たれてありがたかったし、すき間だらけで虫の多い山の古民家には煙や灰飛びはむしろ虫除けになり、灰飛びは殺菌にもなっていたはずだ。

　囲炉裏で食事をして十分身体が暖まったら、居間に移動してコタツに入る。これなら空間全体を暖めなくとも、部分暖房で十分だ。結果的に薪の使用は少なくて済む。昔の暮らし方は皆こんな感じだった。

　しかし、今回の家の2階は大きなワンルームで、仕事場も置く。パソコンやOA機器に煙や灰は厳禁だ。直火でしっかり排煙ができる装置というと、必然的に「暖炉」という答えに行き着く。暖炉なら上部にフードと煙突があり、そこから排煙できる。

燃えている暖炉を見に行く

　しかし私たちは実際に燃えている暖炉を見たことがない。調べてみると海を越えた隣の岡山県に、オーナー自作の暖炉があるというペンションを見つけた。

　瀬戸内海に面した牛窓町は西日本有数のヨットハーバーがあり、数件の個性的な宿が点在するペンション村がある。オーナーは子供の頃に台湾でアメリカ人住宅の暖炉を体験し、その追憶から暖炉をつくりたいと思ったという。

　制作にあたりいろいろ資料を調べ、入念に開口部や煙突断面、長さなどの計算をされたそうだ。

　資料はいま手元にないということだが、話を総合し

ペンションで見た暖炉。台座は備前焼の窯で使われていた耐火レンガをオーナー自ら積んだもの。上部は鉄工所に特注したもの

蚊取り線香形の移動式（クレーン）鍋載せ

基礎下からの新鮮空気取り入れ口

てみると奥村昭雄（※）監修『暖炉廻りの詳細』（住宅建築別冊5／建築資料研究社）のようだった。

　私は『囲炉裏と薪火暮らしの本』を執筆していたときから暖炉の資料として『吉村順三のディテール──住宅を矩形で考える』（彰国社、1979）を取り寄せ読んでいた。この本は吉村順三（※）の住宅設計20例の図面と、その細部を建築家の宮脇檀がピックアップして詳述したもので、中に9ページにわたり暖炉が10数例紹介されている。暖炉の詳細と寸法がつかめる、現在書店で入手できる唯一の参考書である。

　前記の本は奥村昭雄『暖炉づくりハンドブック──その働きと詳細』（建築資料研究社）と名を変えて書籍化されているが絶版。アマゾン古書価格で1万円以上とプレミアがついているが、購入することにした。

※**奥村昭雄**（1928～2012）：1956年、吉村順三設計事務所入所。東京芸大名誉教授。木曽三岳奥村設計所主宰。家具デザイナーでもあった

※**吉村順三**（1908～1997）：東京美術学校卒後、レーモンド設計事務所勤務。1941年より建築設計事務所自営。後に東京芸術大学教授。住宅設計に手腕を発揮し、日本の伝統とモダニズムの融合を図ったと評価される

2 暖炉の構造と難しさ

暖炉と薪ストーブはどこが違うか？

実際に燃えている暖炉はやはり魅力的なものであった。煙はまったく外へ出てこない。面白いのはフードや煙突が薪ストーブのように熱くならないことで、煙突などは二重煙突でなくシングルであるにもかかわらず手で触れるほどなのである。

これは薪ストーブとの基本構造の違いを物語っている。薪ストーブは閉ざされた鉄の箱の中で火を燃やす。空気の吸引口は小さい。小さく絞ることで風が生まれ、薪に火吹き竹でつねに空気を送っているような燃やし方になっている。だから発熱量も高い。そして火に勢いがあるので、煙突の断面は小さくても排煙してくれる。

これに比べて暖炉の開口部は大きく、いわば室内で焚き火をしているようなものだから、まずはフードで煙を集める必要があるし、それに続く煙突はある程度太くしなければうまく排煙できない。

奥村は前記本の中で「暖炉は強力な換気装置」と表現している。

排煙を促す暖炉のフードと煙突の構造

さて、煙突を太くすると問題がおきる。とくに燃やし始めの頃、上から冷たい空気が下りてきてしまうのだ。煙突の中に炎の暖かい空気の上昇と、屋根の外からの冷たい外気の下降流の相反する2つの流れができる。すると灰や煙が逆流してフードから落ちてくるという現象が起きる。

これを防ぐために、暖炉のフードの中には下降する空気を受ける棚が設けられている。これを「煙棚・煙室／スモークチャンバー」と呼ぶ。

棚をつけることで開口部（ここを「のど／スロート」と呼ぶ）が狭くなるので、炎が室内の空気を引っ張る力を殺いでくれる（ただし煙の流れはここで速く

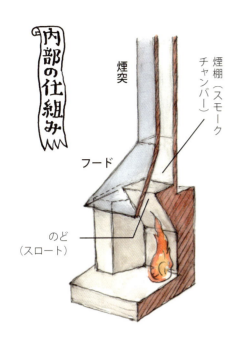

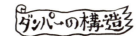
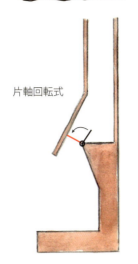

なる)。具合よく燃えていても、空気の移動量が大きいと熱は煙突からどんどん逃げてしまうので、これは非常に大事なことなのだ。

一般に薪ストーブの煙突径は、規格ものて最小が106mm、最大でも150mmだが、暖炉の煙突断面は円形なら直径200〜250mm程度、角形なら最小で200×180mm、230×150mm、最大で250×350mm程度となる。薪ストーブに比べると太さが要求されるのだ。

ダンパーの役割

煙突の中を移動する空気の量を調節する可動弁がダンパーだ。これは薪ストーブの上位機種にも付けられている。ダンパーを絞れば煙突から逃げる熱量を減らせるので、室内は暖まるが、絞りすぎれば空気が遮られ、燃えなくなり、下手をすると煙が室内に漏れてしまう。

暖炉の場合はスロートの所にダンパーが付けられることが多い。ふだんは全開だが、燃え方が順調になってくれば絞っていくこともできる。また、暖炉の場合、煙突と室内は直接つながっているので、使わないときはここを閉めておけば風が移動しない。暖炉を使用後に薪や炭を消火して火消し壺に入れた後、このダンパーを閉めておけば石の輻射熱が外へ逃げないので、火がなくともしばらくの間暖かい。

暖炉のどこが難しいか？

先に書いたように暖炉は空気の移動量が大きい。だから屋外から新しい空気を送り込む開口部が別に必要になる。囲炉裏の場合も同じで、昔はすき間だらけの家（とくに昔の引き戸はすき間風をよく通す）だったので、それが新鮮な空気の取り入れ口になっていた。もし気密性の高い家で窓を閉めたまま囲炉裏を焚いたとしたら、「煙抜き」があったとしても煙はなかなか排出されず、火もくすぶり出す。かといって窓を開けて焚けば寒い。ここが難しいところで、暖炉や囲炉裏の設計の際には、薪ストーブ以上に計画的な換気（新鮮な空気の取り入れ口）を考える必要がある。

また、薪ストーブと違って炎が開放型な暖炉は、石などで組んだ背後と左右の炉に蓄熱し、さらにその輻射熱を利用して室内を暖めるわけだが、あまり奥まったところに火の中心があると、排煙や燃やしやすさは具合いいが、炎が人から遠くなって暖まらないし、楽しくない。だから暖炉は浅くつくるのがいいのだが、そうすると煙が室内に漏れる危険が増していく。その加減が難しい。そして暖炉の形が同じでも、据える空

暖炉プラン（その1）

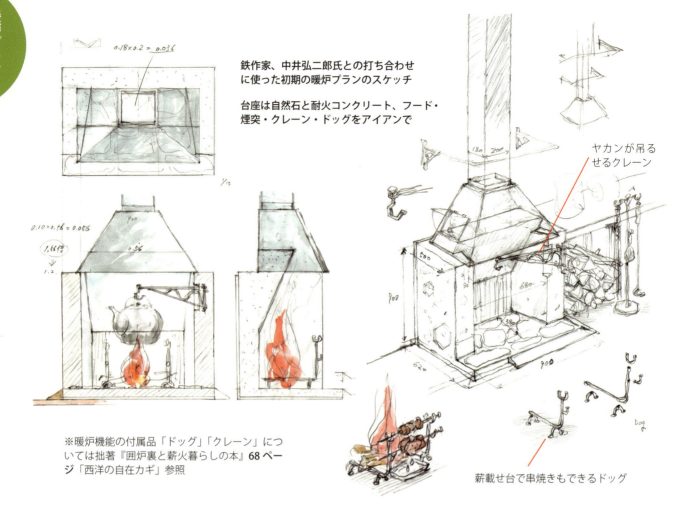

鉄作家、中井弘二郎氏との打ち合わせに使った初期の暖炉プランのスケッチ

台座は自然石と耐火コンクリート、フード・煙突・クレーン・ドッグをアイアンで

ヤカンが吊るせるクレーン

薪載せ台で串焼きもできるドッグ

※暖炉機能の付属品「ドッグ」「クレーン」については拙著『囲炉裏と薪火暮らしの本』68ページ「西洋の自在カギ」参照

薪を燃やすために必要なこと

　暖炉の場合は燃やし方にもある程度の技術がいる。薪ストーブはいったん火が点けばあとは薪を放り込んでさえすれば燃え続けるが、暖炉や囲炉裏は少し手間がかかる。

　太い薪は長い時間燃えてくれるので、薪をくべにいく回数が減って便利だが、太い薪は数ヶ月の時間をかけて乾燥させる必要があり、乾燥があまいと燃えにくく燻りやすい。

　薪が燃えるには木の中の成分をガス化させるだけの高温が必要になるので、蓄熱された石や鉄板などが炎の近くにあれば有利だ。また灰にも蓄熱効果があるので、熾炭が灰の中に浅く埋まった状態なら自動的に薪

間・間取り・窓や吸気口の位置・他の換気扇との競合など種々の条件によって、同じ燃え方にはならない。

が燃えやすくなる。

　乾燥した薪を使うことが重要なのは言うまでもないが、薪が燃えやすい形に組んで、空気の流れをスムーズにする、という人の手も大切なのだ。そして経験を積めば誰でも自然と燃えやすい形が見えてくる。家の完成見学会のとき、棚田で活動する高校生たちが遊びにきて2時間ほど火をいじっていたが、帰る頃にはすっかりコツを覚えてしまったものだ。

　細い薪は燃えやすいので、火の勢いが衰えたらときどきカンフル剤のように細い薪を与えて温度を上げてやる手もある。火吹き竹やふいごで風を送る方法もある。的確な場所に正確に風を送り込めば、あっという間に火勢を上げることができるが、これも経験を積むしかない。暖炉の場合、吹く場所を誤れば、かえって煙を多くして、室内に煙が漏れるということにもなりかねない。

暖炉プラン（その2）

暖炉を置いた2Fのパースを描く

1/10スケールで暖炉の紙模型をつくる

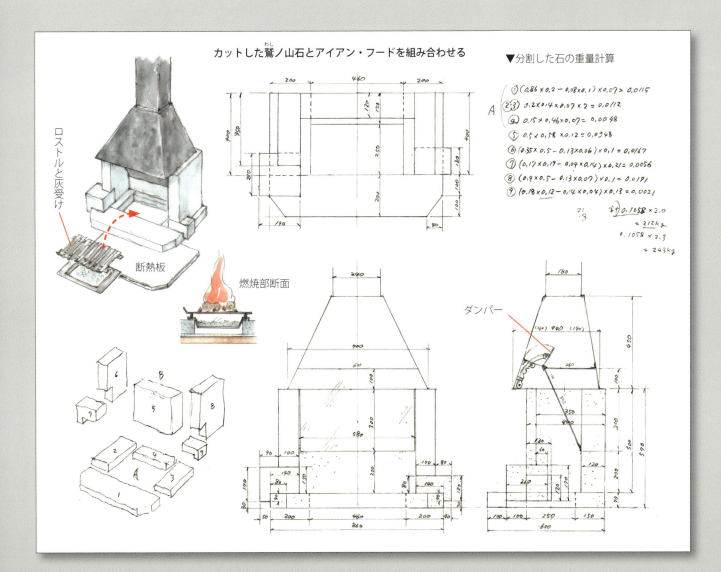

3 新築時の火気の制限

予算オーバーで消えた囲炉裏計画

　西日本の昔の家に囲炉裏が少ないのは夏が暑いからで、一般には土間に竈＊6を設けて調理に用いた。山間部に行けば囲炉裏が見られるが、それは気温が低いだけでなく、雨の多い山岳地方では湿気を解消する装置としても重要だったからだ。

　高松の新居では、以前の山暮らしのように夏に火を焚くことはあるまいと思った（実際はそうではなかったが）。それなら置物としてスタイリッシュな、彫刻的な暖炉がいい。なによりこれまで暖炉を使ったことがないので、体験してみたいのである。

　暖炉は直火が見える。燠炭もできる。使い方によっては、囲炉裏にもっとも近い薪火暖房だ。暖炉を「排煙できる囲炉裏」と捉えて、日本的な暖炉の暮らしを創造してみたい。

　しかし、囲炉裏も捨てがたい。応接スペース・工房として外屋をつくり、そこは土間にして囲炉裏を置いてはどうか？　土間に炉があれば畑からの野菜の下処理などもでき、客をもてなすこともできる。若い人たちに囲炉裏を普及するイベントもできるだろう。設計士のKさんがアイデアを出してくれた（下図）。ところがこの計画は予算オーバーで立ち消えになり、下屋の面積も縮小され、現在の形になった。

　そこで考えたのは暖炉の燃焼部に囲炉裏を置くことである。つまり両者のドッキングである。暖炉の中には「三面開口形」といって、コの字型に火を囲むのでなく、垂直壁だけのものがある。その下に囲炉裏の灰と枠を置けばいい。そこに自在カギは下ろせないものだろうか？　いろいろなスケッチを描き、その可能性を探ってみた。

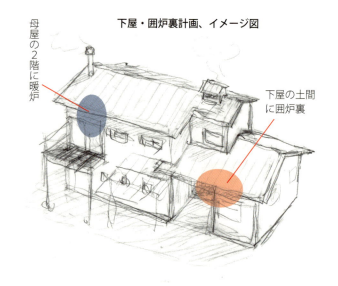

下屋・囲炉裏計画、イメージ図

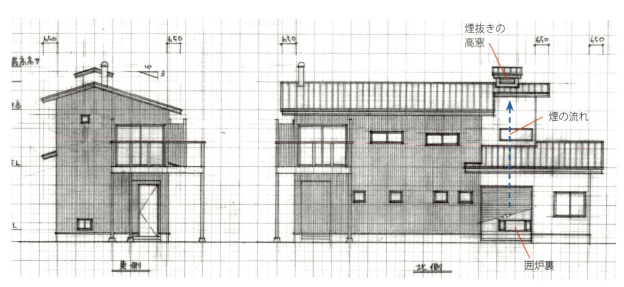

下屋に囲炉裏部屋を置くプラン立面図（工務店の設計士Kさん作図に加筆）

その構造と設置法

　暖炉は海を望める大きな掃き出し窓の隣に設置する。それなら窓を引き込みにして、その格納箱（戸袋）を背にして囲炉裏暖炉を立ち上げるという手もある。絵を描いてみた。自在カギを吊るにはフードの高さが必要になり、不安定になる。それではワイヤーで天井の梁（母屋）から吊ってしまってはどうか？（**右図**）

　このアイデアを打ち合わせのついでにチラリと見せてみた。工務店側はこれまで設計施工経験のないものはリスクが大きいのでやりたがらないものだ。まず、引き込み窓ができないという。ガラス戸をオーダー建具にするとそれだけでコストが大幅にアップするのだ。また、今回は住宅金融支援機構の「フラット35」という条件付きのローンを組んだのだが（**65ページ参照**）、その場合「一定条件を満たす優良住宅」である必要があり、機構から提示される「技術基準適合住宅」に適合しなければならない。断熱仕様や木材の種類等に細かな規定があり、提出書類が煩雑になる。工務店が尻込みするのは当然で、このようなアイデアに関われるはずがないのであった。しかし、この構想は私の頭の片隅でくすぶり続けていた。

地元の石材と鉄でデザインする

　暖炉といえば、大邸宅に置かれる壁と一体型のものが思い浮かぶが、小さくシンプルなものもある。設計家の吉村順三が別荘などに置いたスタイルの暖炉だ。石やコンクリートを台座として、鉄のフードと煙突を載せたタイプで、「薪ストーブを裸にした」と思えなくもない。思い描いていたこのタイプで設計を進めたが、フードや煙突の既製品はないので特注となる。

　鉄の部分は工務店の紹介で高松市在住のアイアン作家、中井弘二郎氏にお願いすることになった。氏は塩江町の山間部にアトリエを構えており、山林も所有し、薪や炭の販売もしている。そして、なんと私の著書『山で暮らす愉しみと基本の技術』『山を育てる道づくり』を所有しているという読者であった。暖炉の経験はないというので、スケッチや設計図を持ち込んで入念な事前打ち合わせをした。

　石は地元の高松市国分寺町の山から産出する火に強いものがあるというので、やはり石材屋さんを紹介してもらいサンプルを持ってきてもらった。香川県は庵治石をはじめ石の産地で有名だが、花崗岩地帯の上部に凝灰岩や安山岩、そして玄武岩やサヌカイトと呼ばれる特殊な石を産する。鷲ノ山は香川県のほぼ中央にある標高322mの山で、そこから産する凝灰岩（角閃安山岩）を「鷲ノ山石」と呼んでいる。

　この石は加工しやすく古墳時代には石棺などに利用され、江戸時代には灯籠や狛犬などの石工素材として現代に至るが、火にも強い。（有）鷲之山石材商会で

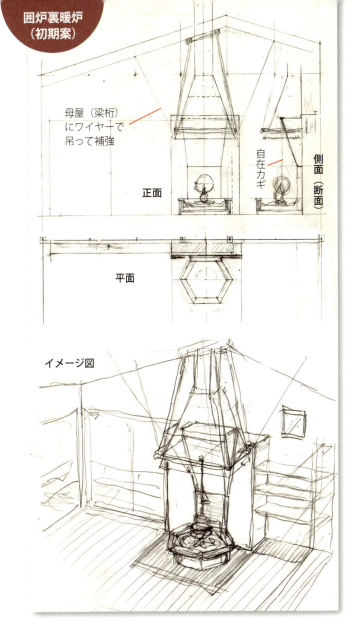

囲炉裏暖炉（初期案）

イメージ図

鷲ノ山石

高松市国分寺町に産する「鷲ノ山石」は火に強い凝灰岩（学術的には輝石角閃石安山岩とされる）にしては硬質で、細かな彫刻にも耐える

▼国分寺町春日神社の石灯籠

▶端材で組まれた焼却炉

工場で切断する工程を見学させてもらった（高松市国分寺町「(有)鷲之山石材商会」）

◀石のサンプルとステンレス製の接合金物

は、最近はこの石材で石窯などの注文を受けているという。質感や表情は大谷石ほど個性はないが、灰色ながらほのかに温みを覚える色味で、長い年月、陽に当たると乳白色に変化するようだ。大谷石に比べて硬く緻密で、より細かい彫刻にも耐えうる。石材は重いので2階に設置するなら60kg以下のパーツに分けて設計するよう条件を貰った。

火災予防条例──新設暖炉の石の厚みは20cm以上、壁から10cm以上離す

これらの条件でいくつかの暖炉プランを考え、厚紙で模型をつくり、重量や煙の流れなどを検討し、ようやく形（23ページ）が決まった頃、工務店側から思わぬ連絡が入った。その形では高松市の火災予防条例に引っ掛かるかもしれない、というのだ。条例によると、新設暖炉の石壁厚は20cm以上必要で、しかも壁から10cm以上離さなければならないという。

これにはがっかりした。暖炉は薪ストーブとはちがって側面や背面はそれほど熱くならない。煙突などは運転中に手で触れるくらいなのだ。吉村順三らの設計でもそんな厚いものはないはずだ。古い規定をそのまま踏襲しているのだろうか？

後日、管轄の消防署に出向き、最初のプランを見せながら暖炉の認可の折衝をすることになった。書籍の図面を見せていろいろ説明するも「法規にしたがうのは絶対厳守」の一点張り。そこで新しいスケッチ──囲炉裏暖炉（三面開口形暖炉）の絵を見せてみた。暖炉に六角形の囲炉裏枠を組み合わせて規定に合うようアレンジした苦肉の策だ。石の厚み20cmの後ろ壁だけが立ち上がる「三面開口形」にして、その上にフードを載せてしまうという大胆なアイデア。私はダメもとでこうした図面も起こしておいたのだった。

すると担当者は困惑した面持ちで、「類例がない」と言い、「とりあえず2～3日検討したい」と、図面や作例のコピーを預かってくれた。

ともあれ壁厚を増やすとなれば重量がかかりすぎ、プロポーションが極端に変わる。新たにデザインを考えし直すしかない。

建築基準法──2階は内装制限がない

新築の家に薪火暖房を入れようとすると、様々な法規定があるのだった（しかし、新築ならダメで後付けならOKというのもおかしな話なのだが……）。

建築基準法の22条（内装制限）では、火を使う台所、暖炉や薪ストーブ、囲炉裏に関しては、内装規定──床まわりや壁などに不燃材・難燃材を使うという条件がつく。基本的に火気は木の床に直接置くことができない。

ところが緩和規定があって、住宅の最上階であれば内装制限を受けないのだ。1階と2階とで規定が違うのは、1階のほうが延焼率が高いためである（火は上に燃え広がるので）。つまり2階建て住宅の1階にある暖炉や台所は内装制限を受けるが、2階建ての2階にある暖炉や台所は内装制限を受けない。平屋住宅も最上階と見なされるので同じである（ただし、隣接する道路や隣地との境界に接近し過ぎていないという距離制限がある）。

だから、今回の設計では2階の板の間なので建築基準法の内装制限はクリアするのだが、市の条例のほうで引っ掛かってしまったわけである。

暖炉の新設が通らないなら、あとは家の竣工後に暖炉だけ後付けするということになる。

ここで問題になるのは煙突工事である。最初から穴を開けるのと、家ができてから穴を開けるのとでは、工事のしやすさや「雨仕舞い」の精度に雲泥の差が出る。それを考えると煙突は垂直に屋根から出しにくく、壁出しということになるだろう。つまり45度の曲がりが2カ所できる。

それにしても壁出しでは間の抜けた空間になってしまう……。スケッチをもう一度起こしながら、空いてしまった壁に何かオブジェを置くプランを考え始めていた。

後付け工事（煙突壁出し）イメージ図

4 制限から生まれた形

「囲炉裏暖炉」案が通る！

ところが折衝から4日後、工務店から電話があり、なんと後出しのプラン囲炉裏式・三面開口形の暖炉が通った、というのだ。ただし火に面する六角の部分は防火材でつくり、ファイヤースクリーンを必ず設置するという条件。これは嬉しい！　しかし、これで煙が本当に抜けるのかはやってみないとわからない。吉村順三の図面にも三面開口形の作例があり、寸法はそれを参考にしたが、今回の煙突はそれよりもやや狭い。また、六角囲炉裏がきちんとつくれるか不安が残る。

ともあれアイアン部分は大幅に形が変わるので、ふたたび中井氏と打ち合わせ。石に関してはよりシンプルになったが、見え方の発想を変えねばならない。ダボを使って3段に積み、陰影を出すためにスリットを入れてもらうことにする。囲炉裏の炉縁は防火の点から石材でいくことにし、御影石のサンプルから色や厚みを決めた。そして、灰を囲う下の箱は発泡コンクリートと粘土、枠は木で自作することになった。

アイアンの部分は中井氏がオリジナリティあふれる煙突トップや、留め具の腕にひねりを入れるなど意匠を凝らしてつくってくれた。また鷲之山石材商会の石の加工精度もすばらしいもので（私は石を機械でカットする工程を見学させてもらった）、スリットもピッチが均等であるだけでなく、石が3段組であることが目立たないように入っている。

制作の苦労

六角囲炉裏の側板部分は、スギのフローリング材30mmの余りで組もうかと考えたが、組み合わせに必要な30度の切断面を正確に出すのは素人には無理と考え、タモ材[*7]で外注に出すことにした。

その側板をインパクトドライバーを使ってスリムビスで止めていく。直角接合でない場合「両側から少しづつ締めていかないとツラがずれてしまうよ」と棟梁からアドバイスを貰った。

1章　「囲炉裏暖炉」が生まれた

囲炉裏暖炉（最終プラン）

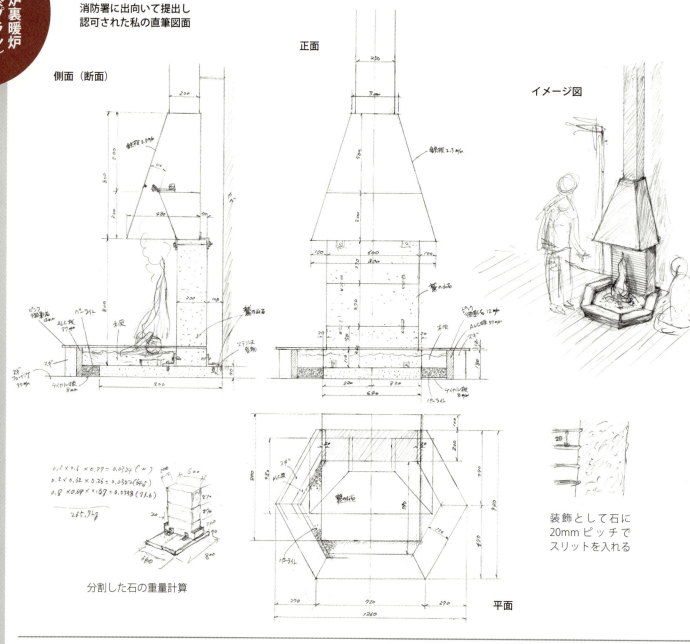

消防署に出向いて提出し認可された私の直筆図面

側面（断面）　正面　イメージ図

分割した石の重量計算

平面

装飾として石に20mmピッチでスリットを入れる

現場で合わせるのがすごく大事！

石組みの後、段ボールで炉縁を仮想し、大きさを調整する

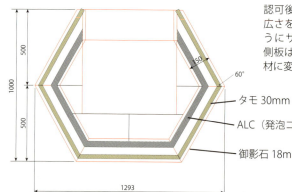

認可後、現場で囲炉裏の広さを確認し、下図のようにサイズを調整した。側板はスギではなくタモ材に変更

- タモ 30mm
- ALC（発泡コンクリート板）
- 御影石 18mm

囲炉裏暖炉の制作過程

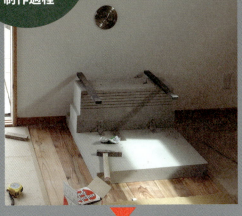

石を組む

囲炉裏スペースに耐火サイディングを敷く

その周りにALC板を立てる

粘土で内壁と金具を被い、側板を組む

※「囲炉裏暖炉」の制作・施工費用目安は、一般的な暖炉や薪ストーブ中〜上位機種（2重煙突含む）よりやや安い程度

フードと煙突

水平・垂直を確かめながらフードの取り付け

煙突の屋根抜け部分は耐火サイディングで囲いロックウールを詰める

粘土

粘土のひび割れ防止に麻ひもを切ってほぐして混ぜ込む

側壁

側壁は板と釘で角度を固定し、左右から交互にビス打ちする

スリムビスの頭は飾り鋲を打って隠す

御影石（花崗岩）の炉縁を接着する

粘土で内壁と炉縁裏の間を塗り、灰を入れる

全体の外観は次ページ

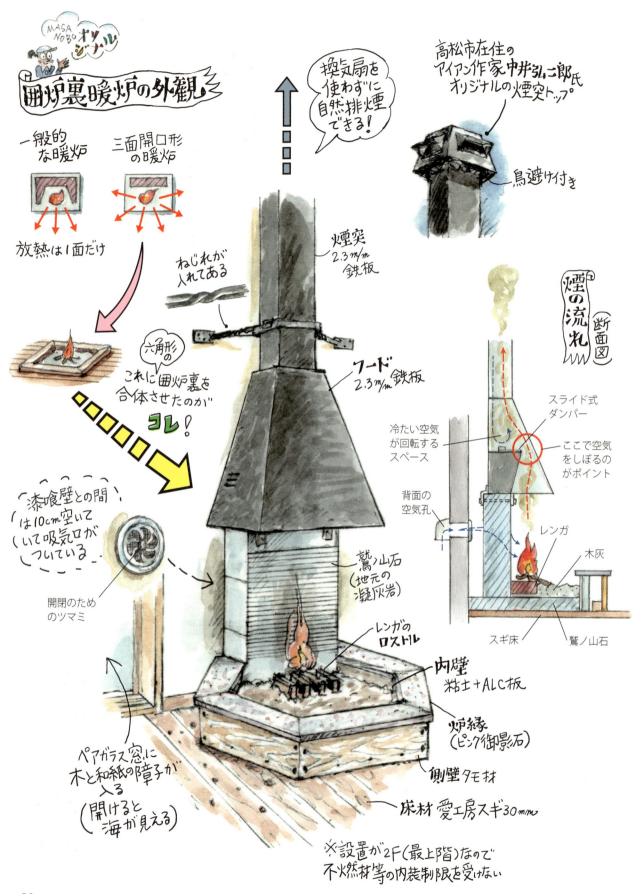

内壁はALC板[*8]（発泡コンクリート）を切ってつなぐ。暖炉の基壇は長方形、囲炉裏のサイズは6角形なので、その間を耐火サイディング（**28ページの図面ではケイカル板となっている**）を切って床に敷いた。

それらを接着剤でつなぎ、ALC板と灰が接する面、石の接合金具には粘土を塗った。山暮らしのとき、粘土は蔵の解体現場から貰ってきたものを使っていたものだが、今回は高松市内にある陶芸プロショップで、信楽焼の粘土（灰色）を買い求め、それに藁と麻を混ぜて水を加えて練ったものを用いた。藁と麻は割れ止めである。

こうして、思わぬ形の囲炉裏暖炉が、火災予防条例の制限から生まれたのであった。でき上がってみると、初めのアイデアのものよりも、この空間にぴったりで、オブジェとしても実にすばらしいものになった。

小さな薪で初めての火入れ……まさにこれは囲炉裏である

あとはうまく燃えてくれるかどうかである。

中井氏が薪ストーブや炭焼きで貯めていた木灰を持ってきてくれ、囲炉裏枠に灰が入った。

工務店の社長がいる前で燃やしてみることにした。

薪は以前この土地に生えていた木を伐採し、例のパルテノンの中に積んでおいたものが使えた。すでに伐採から8年以上経っているが、高松は雨が少ないせいか木が腐りにくいようだ。群馬の山間部ならキノコが生えてぼろぼろになっているだろう。

この炉の外観は灰の中に石が屹立しているという感じだが、その石にもたれさせながら小枝を放射状に立てかけ、石に沿って炎を立ち上げてみた。煙はきれいにフードの中に吸い込まれていく。実際よく燃え、煙もきちんと引いたのである。

燃やしてみると、炎の立ち方は囲炉裏と同じだが、囲炉裏の場合は自在カギにヤカンをかけているのでそれに炎が当たってさえぎられる。しかし、囲炉裏暖炉の場合はそれがないぶん高く炎が上がりがちになる。炎は石に沿って（石に吸い付くように）上がっていき、前には出てこない。

煙を漏らさぬためにすべきこと

囲炉裏暖炉から10cm開けた背後の壁には開閉機能付きの空気孔を設けてある。加えて24時間換気のための吸気口を2階に4カ所、1階に2カ所設けてある。しかし、それだけでは吸気が若干足りないようで、窓を全部閉めてしまうと、火が揺らいだときなどに煙が少しフードからこぼれてしまうときがある。24時間換気口はフィルターがかけてあるためか暖炉の炎程度では空気を引いていないようだ。やはりどこかの窓をほんの少し開けておくと排煙は安定する。

驚いたのは、囲炉裏暖炉の燃焼中に台所で料理するために換気扇を「強」で回すと煙が漏れ始める。これを防ぐには台所の換気扇を回すとき、近くの窓をやや大きめに開けておかねばならない。気密性が高い家なので吸気はよりデリケートなのだ。

24時間換気のための換気扇は1階にも3台あり、2階とは階段で空気の流れがつながっているが、これを回しても台所の換気扇ほど影響はない。もっとも、わが家の場合はシックハウスの要因が少ないので換気扇はふだんは回さないのだが（24時間換気に関しては**3章55ページで詳述**）。

ロストルの工夫で灰飛びが激減

工務店が主催する自宅の完成見学会の初日、雨で客足が悪かったこともあり、昼頃から夕刻まで囲炉裏暖炉に火を入れてみた。午後からお客さんが途切れることなくやって来て、中には私の著書を持っている方々も何人か現われる。

お客さんもこの炎に吸い寄せられ、ここから離れようとしない。実際にお客さんたちにも木をくべてもらったりして、6時間ほど燃やし続けて思ったのは、これは暖炉ではなくまぎれもなく囲炉裏の燃え方（燃やし方）だということである。

ふつうの暖炉は背面と左右に壁があるために炎は奥にある。火を頻繁にいじりにくく、太い薪による大きな炎を燃やしたくなる。この囲炉裏暖炉は、三面開口形で、しかも壁付けでなく10cmほど飛び出してい

るので、囲炉裏のように小さな炎を囲むことができ、多くの人が火を囲める。

ところが、調子よく燃えて煙もよく引いていたと思っていたのだが、夜になって衣服や髪にかなり煙の臭いがついていたのが気になった。そういえば帰りに床を雑巾がけするとけっこう汚れていたので、実は灰飛びがかなりあったのである。

目には見えないほどの細かい灰だが、それが服につくと薫臭がする。昨日のお客さんには失礼なことをしてしまった。もっとも群馬の山暮らしでは、私たちは毎日のように囲炉裏を焚き、この灰をかぶっていたのであり、いつも全身から薫臭を漂わせていた。それは暖炉にすることで解決できると思っていたが、煙は抜けたけれど、灰は飛んだのである。

それを避けるには、燃焼場所を灰から浮かせる必要がある。鉄製のロストル[*9]を中井氏に作ってもらえばいいが、見学会2日目には間に合わない。そこで現場に行く前にホームセンターの開店と同時に飛び込み、何かいい材料はないかと物色し、小さなレンガを見つけた。それを4つ縦に並べて、その上で木を燃やせば灰から離せるし、底板の石が熱くなりすぎるのも防げる。

この効果は抜群だった。灰飛びはほとんどなくなり、見た目もシンプルで悪くない（**下写真**。結局、現在もこのレンガをそのまま用いている）。

床への加重と加熱、煙突の納まり

煙突の雨仕舞いの他に、暖炉の設計・設置で心配なのは2階の床に対する重量と加熱である。この囲炉裏暖炉は石だけでも250kgを越えるので、当然補強材を入れてある。

暖炉直下を支える梁桁は105×300mmと太くしてあり、そこに105mm角のスギ材の根太を303mmピッチで入れてある。その上にスギ30mmのフローリング材が貼られている。下は和室のため真壁にしており、直下の柱はヒノキ材になっている。また、和室ゆえ天井をつけている。

フードと煙突のアイアン部分もかなりの加重があり、これも石の上に載っている状態だが、その下部はもう一枚の石の面で受け、加重を分散させた。煙突は補強のため留め具で柱をめがけて固定されている。

床の耐熱についてはスギ床の上に石をベタ置きだが、石の底板は厚みを70mmとっており、その上に灰とロストル用のレンガを置き、その上部で燃焼させているので問題ないと思われる。ただし厳冬期に一日中太い薪を焚き続けるような使い方をすればやはり心配である。高松の場合、それほど寒くはないし、コタツや火鉢を併用するようなソフトな使い方をするつもりだ。

ガーデニング用ミニレンガ（1個60円）をロストルに

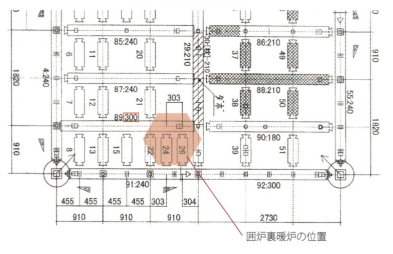

2階床・構造平面図（部分）

囲炉裏暖炉の位置

2章

「囲炉裏暖炉」の愉しみ・使い方

小さな炎で最高の豊かさを引き出す

1 親しみある座りの形状

より低く、近く、炎を楽しめる
……だから床座りができるスギ材がよい

　この囲炉裏暖炉を使い始めて、何がすばらしいかというと、まず床座りでも楽しめることだ。囲炉裏の炉縁にグラスを置いて、炎を眺めながら、ときおり薪をくべてのんびりするのは最高である。

　だから、フローリングは床座りになじむ柔らかなスギ材がいい。これがナラ材のような堅木だと冷たく硬い。するとクッションが欲しくなるが、綿の入ったクッションは火が爆ぜたとき気をつけねばならない。知らないで放置すれば中でくすぶり出すことがあるのだ。

　表面に薄い板を張って塗装を施した合板フローリングも同じだが、いずれにせよ床が硬いとスリッパを履くことになり、床が不衛生な感じがして、素地に座ろうという気にならない。

　個人的な好みもあるだろうけれど、私はどちらかといえば畳部屋でごろんとしたり、あぐらをかいて座るのが好きで、山暮らしのときの仕事場は畳に文机＋座椅子であった。

　新たな家の2階は26畳のワンルームですべて30mm厚のスギ材の床にした。中でも囲炉裏暖炉のある18畳分は低温乾燥の「愛工房」（**63ページ参照**）のものを使った。三重県の尾鷲材で、節だらけのグレードの低い仕様だが、油分の豊富なすばらしいスギ材である。「超仕上げ鉋」がかかっているので、裸足で歩くと感触はすべすべ。ごろりと横になっても気持ちがいい。冬は暖かく、夏はひんやりするのがいい。

イス・テーブルを囲炉裏暖炉に合わせる

　ところで炉縁の高さは約20cm。この空間にはやや低めのリクライニングチェアやソファが合う。そして炉縁の他に、床座りと低いイスの両方で使える高さのサイドテーブルがあると便利だ。そこで高さが45cm程の小さなテーブルを二つ制作した。いずれも和室の床板に使った一枚板の余りを天板にし、建築残材の角材を足にビス止めしたものだ（**4章参照**）。

　囲炉裏暖炉の反対側にはキッチンがある。そこはダイニングテーブルとアイランドがあり、そこではやや高いスツールなどのイスを使う。そして部屋の真ん中は仕事机（高さの調節できる事務用イス）。囲炉裏暖炉のスペースではぐっと低く構えてソファベッドと床座りとなる。

　このように2階のワンフロアは座る高さが3段階あり、なんとも日本独自の空間の使い方になっている。それを可能にしてくれるのがスギ床なのである。

座面とテーブル高

同じフロアーで座面とテーブル高が変化する

アイランドテーブル・80cm

70cm

45cm

囲炉裏暖炉
20cm

台所　｜　仕事場　｜　居間

床は低温乾燥30mm厚のスギ材。囲炉裏暖炉は床座りできる素材がいい

三面開口形・六角炉縁の利点
……より多くの人が炎や調理を楽しめる

　囲炉裏の利点は炎を中心にして360度、ぐるりと人が座れ、誰もが等しく炎を楽しめることにある。この囲炉裏暖炉もかなりそれに近い。壁から10cm離れて前に出ているぶん、炎はより開放的に楽しめる。また炉縁を四角でなく六角にすることで、角ばりが消えて柔らかさが出、炉縁がテーブルとしても使いやすくなる。囲炉裏の中も広くて効果的に使える。

　奥村昭雄は『暖炉づくりハンドブック──その働きと詳細』の中で、一般的な暖炉に比べ、このような多面開口形暖炉は「燃焼温度が低くなりがちで、煙の問題もデリケートになる」「その反面、たくさんの人が火の近くによることができ、広い空間をもり立ててくれます」と書いている。

　そしてこれに囲炉裏という機能が加わるとき、その愉しみは倍増する。囲炉裏の灰のスペースは、後述するが様々な調理機能を持っているからである。

　囲炉裏スペースの広がりは、裸火を扱うとき、幾分かの安心感も生まれる。立ち上がる炉縁の壁によってスギ床板との結界が敷かれ、薪が爆ぜ飛んだときも、囲炉裏内に落ちることが多いのである。

皆で火を囲む楽しさは格別、話もはずむ

2 小さな炎を楽しむ感性

小さな炎を維持しながら使うのが神髄

　ふつうの暖炉は側壁があるので大きな薪をドンと燃やしてしまいがちだが、この囲炉裏暖炉は小さく燃やしても側壁がないぶん大きな炎に感じられる。大きく燃やせなくもないが、このくらいがちょうどいい。火は大きければいいというものではない。大きい火はそれだけで危険だし、薪を大量に消費する。

　この囲炉裏暖炉の場合、薪と炭が燃えている幅はせいぜい15cmくらいだろう。これに比べ、薪ストーブの場合は鉄の箱いっぱいに燃やしているから30～40cmくらいの幅で薪と炭が燃えていることになる。だから薪ストーブの中に細い枝のような薪を放り込んでもあっという間に燃え尽きてしまう。最初から太い薪を燃やすことを前提とした構造なのである。

　薪ストーブのこのような燃やし方は、極寒の場所ならいいが、西日本のような温暖な地域では、暖かいを通り越して「暑すぎる」ことがままある。まして気密性・断熱性能の高い現代の家においては、である。

　囲炉裏暖炉なら、薪の消費量をぐっと減らしながら、幅広い季節まで火のある暮らしを楽しめる。最小限の火を持続させながら、最大の豊かさを引き出すというのが、この囲炉裏暖炉の神髄なのである。

直火による部分暖房が経済的

　薪ストーブは開口部が小さい。密閉型の鉄の箱の中で大きな薪を燃やし、その力で部屋全体を暖めようとする。囲炉裏暖炉は小さな薪で炎の周囲を暖める。これに石の輻射熱が加わる。

　暖炉は炉の開口部が大きい。そして薪の燃焼に必要な空気量よりはるかに多量の空気を吸い込んでいる。前出の『暖炉づくりハンドブック』によれば、この量は燃焼に必要な空気の実に20～30倍にもなり（一般の燃焼装置では1.2～1.5倍）、結果的に暖炉のある部屋を1時間に4～6回も換気することになるという。逆に言うと、このおかげで煙が室内に漏れない

でいるわけだ。その過剰な空気移動のせいで暖炉の煙突内部の温度は60～120℃他の燃焼装置に比べて著しく低い。温度が低いから煙突の煙の吸引力が弱まる。暖炉の煙突断面が薪ストーブより大きいのはこのためである。その性質上、煙突を大きな口径にして吸引力を高めねばならないのだ。

このような弱点を補うには空気の流入口を火に当たる人の背中側に置かないことや（風で寒い）、火の周囲を石で囲い、大きな火を焚いて輻射熱を高めることが合理的だ（現在の一面開口形がこのスタイル）。

しかし、火を前面に出せば、裸火と燠炭の熱を近くで直接感受することができる。まさに囲炉裏や火鉢と同じやり方が、三面開口形の囲炉裏暖炉なら可能なわけである。そこでは小さな薪を燃やすことが安全かつ合理的・経済的なのだ。

端材や小割りした薪でも楽しめる

ただし小さな火は熱量が小さいから、薪の成分がガス化しにくい。また背後の石は直立しているので、熱の反射はそれほど期待できない。

一面開口形の暖炉では、炉の後壁を前に傾斜させたり、側壁を後方で狭めたり、火を囲う石に傾斜をつけ

家具類が入って落ち着きを得た2階の囲炉裏暖炉コーナー（キッチン側から撮影）。ダウンライトの調光を絞ると炎が光源となる

囲炉裏暖炉では様々な小薪を燃やすことができる。写真**左上**：新築工事で出た端材、**左下**：木工作で出た木クズ、**右**：小枝

る。これは石の面を炎に近づけることで輻射熱をより多く放出させることができ、そのおかげで燃焼部に熱がこもり、より高温状態を維持できるからである。炉内の高温を維持することで、太い薪を持続的に燃やすことができる。

囲炉裏暖炉はその点不利なのだから（それでも背後に蓄熱・反射する石板があるぶん囲炉裏よりは燃えやすい）、燃えやすくするためにはやや細い薪を使うとよく、ときに火吹き竹を併用するとよい。

小さな薪を使えるということは、気分を楽にさせ、愉しみを倍増させる。たとえば木工で出た角材や板の端切れなどは、割っておけばすべて薪になる。また今後とも日本の山から大量に出るであろうスギ・ヒノキの残材・枝が薪になる。このような薪は乾きが早く（木工端材などはすでに乾いている）、虫もつきにくいため、室内に保管しても気にならない。

高性能の家にこそ囲炉裏暖炉

薪ストーブ愛好者が薪づくりに追われ、薪の心配をし、一年中薪のことを考えている……といった笑い話があるが、それほどまでに薪ストーブは薪を大量消費するものである。とくに広葉樹は伐採も難しく、太い薪は買うにも高価。自分で仕立てようとすれば運ぶのも割るのもひと苦労だ。

囲炉裏暖炉にすれば薪の消費量はぐっと減り、薪づくりの苦労は激減する。針葉樹の薪でもかまわない。スギ・ヒノキの間伐材は大量に余っており、割りやすく、細い薪や枝なら子供でも扱える。

最近の家は高気密・高断熱で性能が飛躍的に高まった。そこに薪ストーブを置くと、その燃焼暖房能力が過大に過ぎる。もっと小さく火を楽しんだほうが経済的だ（燠炭を使って火鉢やコタツと連動してもよい）。

それでも囲炉裏暖炉だと暖房能力が弱い……と思う向きには、とくに寒いときだけエアコン暖房などと併用する手もある。何も薪暖房だけに固執することはない。ムダに大きな薪を消費するなら、いったいどちらがエコかわからなくなる。

消火は速い、灰をかければ簡単

スギ・ヒノキのような針葉樹の薪は、組織に空気を含むので爆ぜやすいものだが、細く割ったものを小口から燃やしていくと爆ぜにくいものである。

そうしてある程度炉が暖まってきたら、大きな薪を入れてもよく燃える。囲炉裏暖炉から離れて、室内で仕事に没頭したいときなどは、大きめの薪を入れてから、ファイヤースクリーンをかけておくとよい。

小さな薪の利点は、消火するときもラクなことである。囲炉裏の灰をかければすぐに火は消える。大きな薪を使っている場合は、先端に大きな燠炭ができているので、灰をかけてもくすぶり続ける。そこで火箸などで燠炭部分を叩いて分離させ、その燠炭を「火消し壺」に格納してから灰をかける必要がある。燃えさし薪の残りも火消し壺に入るサイズなら入れてしまったほうがよい（このとき、火消し壺をフードの下に移動してからこの作業をやらないと、煙が部屋に漏れるので注意）。

くすぶり続けても煙は抜けるから気にする必要はないのだが、それだとダンパーが閉められない。消火後、ダンパーを閉めておけば、残りの赤くなっている燠炭と石の余熱だけで1〜2時間は暖かさが持続するのである。

囲炉裏暖炉のファイヤーツール

ワタシ / 火箸 / 火吹き竹 / 十能 / 足のせ枕

節に2mmほどの穴を空け、空気の出口にする

火消し壺 / 薪入れ籠 / 布巾 / 木っ端入れ / ブラシ（箒）

燠炭を入れてフタをすると消える

木工で出たハツリクズや鉋クズを着火材として入れておく（ライターもこの中に）

　大型の薪ストーブや暖炉には、ファイヤーツール（ファイヤーフィッティング）を専用のスタンドから吊っておくのが主流で、普通は次の4点を下げる。暖炉の場合これに加えファイヤースクリーン（**右図**）が必需品となる。

- 火かき棒（ヤリ）……薪の位置を変えたり燠炭を崩すのに使う
- 火ばさみ（トング）……薪や燠炭を掴む
- 十能（小型スコップ）……灰をかき出す
- ブラシ（箒）……灰や木クズの掃除に使う

　囲炉裏暖炉は薪が小型なので、暖炉ほど大掛かりなものはいらない。日本人なら火ばさみでなく火箸がいいだろう。これに「火吹き竹」と「火消し壺」がほしい。火吹き竹は売っていないので竹を切ってきて自分でつくる。火消し壺は木の床に直置きせず、2本の角材を敷いて浮かせて使う。

　囲炉裏暖炉の場合は、これらのファイヤーツールを専用のスタンドに置く必要はなく、炉内の灰に刺しておいたほうが便利だし場所をとらない。

【ファイヤースクリーン】

爆ぜた燠炭が床に落ちないように金属の網（5mm以下のメッシュ）でつくられた衝立。炎から1m以上不燃の材料で床を覆っている場合は必要ない。使わないときは分割もしくは折り畳んで仕舞えるデザインにするとよい

小さな炎が楽しいんだよ

◀ダンパーの開閉も火箸で

火箸は直径5mm長さ50cmのステンレス製（職人さんにつくってもらった）。最初は持ち重りするが、慣れてくると細かい作業ができるようになり、火かき棒としても使える。とくに燠炭の移動などには抜群の威力を発揮する。ダンパーの開閉も火箸を使ってできる

3 さらに広がる囲炉裏暖炉の世界

明かりをしぼって炎のゆらめきを愉しむ

　囲炉裏暖炉の炎はそれを見ているだけで癒される。YouTubeには暖炉の炎が燃えるだけの動画が投稿されて、アクセスが増えている。さらに炎映像を楽しむDVDまで発売されているという。また、スマートフォンに対応した炎画像のアプリケーションも出ているようだ。

　2013年、ノルウェー公共放送局が12時間の薪特集を組んだ。なんと12時間のうち8時間は薪が燃えているだけの映像だったという。ところが薪が燃えているだけの映像なのに20%の高視聴率を記録したというのだ。ノルウェーは120万世帯が暖炉を使う薪大国なのだそうだが、それにしても国民の2割がこの番組を見たというのは驚きである。番組中には薪の積み上げ方について、「薪の皮が上になってる」「下になってる」など、一家言ある人たちから苦情が殺到したと

▲オブジェとしても秀逸、ギターやハープがよく似合う

いう（笑）。

　世界中が機械化されて便利になり、無機質になればなるほど、このような原始的な炎を人々は求めていく。しかし、しょせん画像の中の偽物。本物の炎はバーチャルな炎の何十倍もすばらしい。

　私の囲炉裏暖炉の愉しみ方はこうだ。まず部屋には調光器付きのダウンライトを仕込んであるので、その明かりを最弱にして炎を楽しむ。もしくはその天井のライトを消してしまい、床置きの明かり（フロアライト）に切り替える。するとますます囲炉裏暖炉の炎が、美しくゆらめく。

燃え方が静か、音楽との相性は抜群！

　囲炉裏暖炉は静かである。ときおり薪の爆ぜる音がするだけだ。モーターのうなりやファンの音もしない。だから、音楽とは相性がいいのはもちろんで、好きな音楽をかけながら片手にグラスを持ち、くつろぐのは最高である。以前の囲炉裏は灰や煙が心配でオーディオ装置は楽しめなかったが、この囲炉裏暖炉はその心配もない。より洗練された、都会的なくつろぎ方ができるのだ。

　もちろん楽器を演奏するのもいい。小さな音で奏でられるガットギターやアイリッシュハープは、このような囲炉裏暖炉に実によく似合う。

フロアライトに切り替えると、炎がよりいっそう美しい

夏の囲炉裏暖炉もいいものだ

群馬で山暮らしをしていたときは、囲炉裏が完全なる生活道具だった。なにしろプロパンガスも引かず、もっぱら囲炉裏を生活調理の火の中心においていたからだ。真夏の暑いときでも囲炉裏を燃やしていたが、山の中の古民家は元々涼しいし、窓を開ければ涼風が入ってくる。囲炉裏を焚いていれば炎が外からの風を引っ張るので、なおさらいい風が入る（ただし、風が強過ぎるともちろん危険だから開き具合の調整はする）。そうして煙は「煙抜き」の窓からよく抜けるし、夏は煙がカなどの虫避けになり、かえって好都合だった。

ソファベッドの低さも囲炉裏暖炉にはピッタリで、くつろぎながら編み物中

ヨーロッパの夏は乾燥していて気持ちがよいが、日本の夏は湿気があって蒸し暑く不快である。裸火の炎はその高湿度を取り去るという余録がある。「囲炉裏は湿気った家を乾かしてくれるんだよ」と、山住まいのお婆さんたちが口々に言っていたのを思い出す。南洋に住む暖炉フリークが部屋に冷房をかけながら炎を楽しんでいる、という話を聞いたことがあるが、昆虫が多く湿度の高い夏の日本では、夏の囲炉裏にも十分な恩恵があるのだ。

まさか温暖な高松では夏に焚くことはあるまいと思ったが、そうでもなかった。果樹園のある山の斜面、そんな当地では夜は涼しい風が吹く。風呂上がりにバルコニーで涼んだ後、暖炉でプチ焚き火。なかなかいいものだ。

そのときはむしろ小枝や細割り薪がいいのである。暖をとるためでなく焚き火を愉しむための火なのだから。サッと終わらせることも簡単だし、もちろん、涼しさの中の火の温かさも愉しいのである。

就寝前に身体を温める健康法はいかが？

そんな一過性の焚き方なら薪は少量で済む。焚き終えた後もダンパーを閉めれば、熾炭の余熱と石からの輻射熱がじんわりと身体を温めてくれる。「温熱療法」や「冷えとり健康法」などがある通り、身体を温めることは健康につながる。

行儀は悪いが、すごく寒いときには囲炉裏端で足の裏を火にかざして暖をとったりしたものだ。足の裏と手のひらを温めると、身体全体が包まれるように温かくなる。囲炉裏暖炉では、さすがに炉縁に直接足を載せるのははばかられるので、足載せ専用のスギ枕をつくってそこに載せるようにしている（笑）。

寝る前の2時間くらいに囲炉裏暖炉を点けて温まり、すぐに布団に潜り込めば暖房としてはすごく経済的だ。炎と熾炭から直接受ける遠赤外線効果は絶大である。

ちなみに私は空間全体を暖めようとする石油ストーブやエアコン、床暖房はあまり好きではない。頭がのぼせてしまう感じになり、ともすれば空気の悪さで息苦しくなってくるのだ。また、その部屋からあまりに温度差のある外に出ようとするとき、大変な不快感を受けるのが嫌だ。この傾向は山暮らしの薪火生活のせいでますます顕著になってしまった。

↑アイリッシュハープ

火吹き竹を使う

小さな薪の小さな炎

没になった暖炉の模型

地ビールで宴会♪

足を投げ出して....

こんな薪でもいい

山から運んだ丸太柱↑

Irori I; fireplace
Photo gallery

2章 「囲炉裏暖炉」の愉しみ、使い方

4 実践、囲炉裏暖炉で料理！

灰の上が広く豊かな調理場になる

囲炉裏は灰の上が調理場となり、実に様々な料理ができる。わが家の場合は同じフロアにガス台付きのキッチンがあるので、薪火での調理はサブとなるが、こんなこともできる……ということを簡単にお伝えしておく。調理や木灰に関してさらに詳しくは、拙著『囲炉裏と薪火暮らしの本』を参照していただきたい。

・灰の上に「五徳」とヤカンを置いて湯を沸かす……囲炉裏暖炉は灰が浅いので火鉢用の「三つ爪[*10]」を使う。そこに熾炭を移動して湯を沸かす。炭の場合は煤汚れがつかないので、鉄瓶以外のヤカンも使える。
・串刺しで焼く……串刺しにして魚やイモなどを焼くこともできる。ただし囲炉裏ほど灰が深くないので串を刺しても安定しない。専用の固定台が必要。
・ワタシ[*11]やグリルを使った炭火焼き……熾炭を用いて様々な調理ができる。図のような高さ調整のできる台を使って、焼き肉なども可能である。なにしろフードの吸引力が大きいので煙が外に漏れる心配が少ない。
・ダッジオーブン的な調理……金属のフタの上に熾炭を載せることで蒸し焼きオーブン調理も可能。
・鍋の保温に……おでんやカレー・シチューなどの鍋を極弱火で保温するのにも炉内は便利である。温度を上げたいときは熾炭を鍋にくっつけるとよい。
・フードから物をぶら下げて薫乾（干し肉や魚の干物、乾燥野菜をつくる）……囲炉裏の場合は格子の「火棚」や「弁慶」を利用して行なう行為を、囲炉裏暖炉の場合はフードからぶら下げることで同じことができる。

また、ファイヤースクリーンを物干しの壁に見立てて、そこでハーブなどの薬草類を乾燥させることもできるだろう。ここは燻し臭を受けることなく風温乾燥可能なスペースである。

木灰そのものもいろいろ使える

繰り返し使うことで囲炉裏暖炉の中には灰が増えていく。が、暖炉のように頻繁に灰を取り出すような手間は不要である。大きな炉なので許容範囲はかなりある。また使わないときもフタなどは必要ない。窓からの風程度では灰が室内に飛ぶようなことはない。

それでも灰が多く目立ってきたら、取り出してビニール袋に保管しておく。畑にまけば土壌改良剤・ミネラル源になる。貯めておいて、新しく囲炉裏や火鉢を始める人に分けてあげると喜ばれる。

三つ爪に南部鉄瓶を載せる

ソラマメを焼く

▶パンだねを湯煎する

潮干狩りで獲った貝の自家製干物を焼く

こんなの作ってみたらどうかな

ワタシ

高さ奥行きが調整できる焼き台（下部は灰に埋める）

100円ショップのブックエンド

ゴマを煎る

3章

日本の木で美しい家をつくる

セオリーを外し・守り、未来のスタンダードな家を目指す

ガルバリウム鋼板の壁に溶融亜鉛メッキのバルコニー、古材風のドアが玄関の顔をつくる。囲炉裏暖炉の煙突がよいアクセント

シナ合板の勾配天井、壁は漆喰塗り、床は低温乾燥「愛工房」のスギ。廻り縁と幅木はスギ柾目であつらえ、窓に内障子の仕舞い。スギ材を介して和と洋が融合する

家づくりのはじめに──森を思うコンセプト

　さて、先に囲炉裏暖炉を紹介しておいて、いよいよ本題の家づくりに入る。日本の森を活かし、かつ日本の気候風土にもっとも適した家づくりは「木造軸組工法（在来工法）」と考える。しかし森を思うとはいえ、なんでもかんでも木を使えばいいというものではない。できるだけ大量に木を使う……というのでもない。美しさはもちろん重要だが、ここで日々仕事をしながら暮らしていくのだから、住みやすさも同じくらい重要だ。木や自然素材へのこだわりに捕われ過ぎると、金額がどんどんかさむ上に、重苦しくなってくる。以下、この家のつくり方のコンセプト・要点を列挙して短い解説を入れる。そして、私の家づくり体験を元に、各論を展開していこう。

　　　＊

- **新素材や既製品の設備を適宜使う**……時代は変化している。新居としてつくるなら、激変する自然環境・社会環境に耐えられるものでありたい。外側には積極的に新素材も使う。そして設備は進化している。既製品も悪くない。
- **そこそこの値段であること**……昔でいう「庄屋様の家」──お金持ちの家ではなくて、あくまでも庶民が建てられる家でなければならない。でないと運動にならない。普遍性がない。そのスタイルが広がらない。
- **有名設計家に頼まない**……デザインには必ずその設計家固有のクセが出るものだ。名のある人に頼むとそれを否定することができない。もっと自由でありたい。遊びが欲しい。
- **構造と内装には無垢の木と漆喰を使う**……もっとも重要なポイントである。構造材と床材、両者とも建物の心臓部である。家の構造に外材や集成材は使いたくない。内装は漆喰塗りをベースにする。
- **スギ材を重視する**……現在日本の山にもっとも多く植えられている木がスギだ。このスギの機能を十二分に発揮させ、魅力的にどう活かすかがこれからの住宅建築における重要なテーマ。また、スギの本当のすばらしさに多くの人が気付いていない。この家では横架材にも使い、2階床は30mm厚のスギフローリング材を使う。それが直接1階の天井板（現し天井）となる。
- **構造用合板を使わない**……構造用合板は便利な素材だが、接着剤が何層にも使われ、シックハウスの原因となり、湿気に弱い。そしてこれに頼るとデザインの軸がズレてくる。
- **合板はどこかで妥協して使う**……かといって合板を全否定したらローコスト住宅は建てられない。どこで妥協するかの線引きが重要。この家では屋根下地、建具、天井、押し入れ、これらは合板（屋根以外はシナ合板）を使用。
- **人工乾燥材で、刻みはプレカット※（注次ページ下）**……真に木のよさを活かすなら、天然乾燥材で大工による手刻みが理想だが、時間的にも金額的にも無理な時代になってしまった。これを追求するなら、かなりのものを犠牲にしなければならない。だからプレカット、そして金具を使う。
- **思い出の柱**……すべて工務店が手配した木材ではなく、どこかに自分たちの思い出となる特別な木材を挿入したい。できれば構造材の中に。自伐した木、自分で皮むきした木、刻んだ柱などがあると愛着がわく。とくに丸太柱はデザイン的にも重要なアクセントになる。
- **大壁と真壁**……日本建築は真壁を基本とするが、こだわると窓の自由度がなくなり、デザインに大きな制約を受ける。大壁の場合は乾燥した木材を使わないと中で暴れて大変なことになる。狂わない乾燥材を使うのがワンセット。
- **薪火をどこかに**……囲炉裏暖炉をぜひ装備。
- **建具をケチらない**……窓はペアガラスが基本装備。ドア類は木製だが、シナ合板のフラッシュ（枠に板を貼った平らな表面を持つ扉）でいい。そのほうが視覚的に他のスギ材が活きる。無垢でやると重くなり、値段も跳ね上がる。
- **快適さを設備に頼らない**……床暖房もエアコンもいらない。高気密・高断熱だからエネルギーは少なくて済み、夏はよく風が通るような窓を設計する。そのためにも窓の位置、大きさ、形、ガラスの種類などを熟考すること。
- **地元素材と地元作家を入れる**……どこかに地元の石や土を使う。そして地元工芸作家の作品を組み込みたい。
- **吹き抜けをつくらない（ダイニングを2階に）**……大空間のダイニングを2階にすれば、1階は柱と壁の多い堅牢な構造となり地震にも強い。プライバシーの確保、防犯にも有利。
- **軒（のき）を出す**……外壁が雨に強い新素材でも軒は出す。軒は日本において雨や日差しを遮る重要なパーツ。西側の窓には庇（ひさし）もつける（夏は庇にすだれを着装する）。

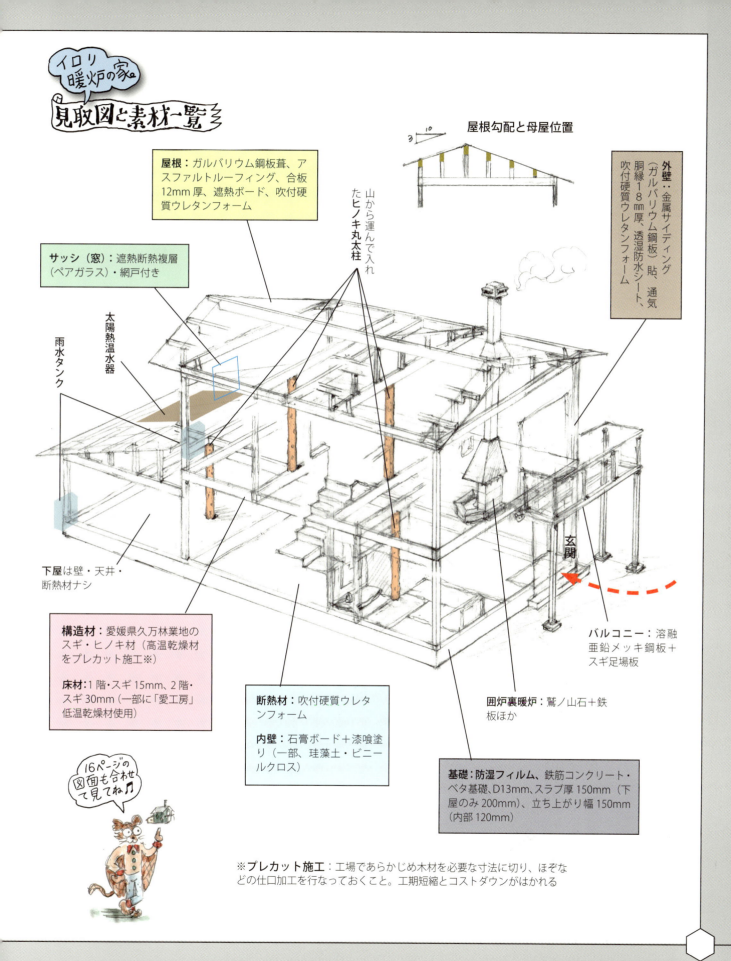

1 敷地の特性を考えて

パルテノンは使わない

2013年7月1日、工務店の社長Hと女性設計士Kさんが建設予定地を見に来てくれた。土地の形はひょろ長い三角形で、長手に沿うようにして坂道があり、三角のいちばん尖ったところが道路との隣接地になっている。道路の反対側は、以前は溜め池だったのを埋め立てて保育園がつくられた。Yの祖父はこの池があった時代に土地を買い、畑をやって隠居時代を楽しんでいたそうだ。

問題のパルテノン神殿だが、Hたちが来る前に巻き尺で測りながら観察してみると、けっこう深い割れ目があったりしてコンクリートが傷んでいる。この構造物の図面は残っていない。だからこれを利用して家を建てるにしても、中の鉄筋がどのように配置されているか調査が必要になり、おそらく鉄骨などで補強することになるだろう。

また、上に家を置くなら坂道の道路に橋を架けたい（祖父さんもそんなプランでこの基礎構造物を建てたらしい）。そうなると何かと費用がかかる。工務店側はそのようなイレギュラーな建築はやりたがらない（……というような顔をしていた。難航しそうな気がする）。というわけで、その場でパルテノン神殿を使うプランは没になり、気がだいぶラクになった（笑）。

まずは地盤と上水・下水の問題

その日は現地を観察して簡単な測量をし、近くの喫茶店で4人でお茶を飲みながら雑談。

私は工学部の土木科出身で上下水の設計コンサルで働いていた経験があるので、水で面倒な敷地なのはなんとなくわかっていた。社長と「土地自体は切土なので地盤は問題ないと思うが、水道と下水が非常に厄介な敷地」という結論で一致。

道路との境界から水道を引くにしてもかなりの距離があるのだが、後日、既設管が予想より離れた場所にあることが判明した。コの字型に大きく水道管を回すことになり、距離があればそれだけお金がかかる。

下水は隣接した水路に落とすことになるが、自然流下だから放水路に落とし込むために勾配を取らねばならない。水路はグランドレベルよりやや高い位置にあり、いったんポンプで引き上げないと、排水路に流すことができないだろう。そのような条件があぶり出されてくると、必然的に新築の建物の位置は限定されてくる。

ここは都市下水道が入っていない地区なので合併浄化槽を設置することになるが（多くの地域では自治体から半額程度の補助が出る）、この下水から屎尿だけを別のタンクに取り出して、酵素水と爆気で微生物分解し、液肥として畑にまくというプランもあたためていた。

新築の場合、最初に考えね

現地で建物の位置にピンを打ち、縄を張る。上下水、地盤と、条件の悪い敷地であった。奥に見えるのが「パルテノン神殿」と名付けたコンクリート構造物

写真上：地盤調査（スウェーデン式サウンディング／SWS試験）の作業。鉄棒を回転させながら荷重をかけて地面に挿し、25cmねじ込むのに必要な回転数から地盤の強度を割り出す。現在はGPSやパソコンを使ってデータをクラウドに上げ、本部が素早く計算をしてくれるそうだ。さてわが敷地だが、意外にも地表から50〜70cmに透水層があり、そこでロッドがズブズブと下りてしまった。切り土のマサと思っていたが粘土だった（**写真左**）。どうやら昔は田んぼだったらしいのだ。というわけで、地盤改良工事が必要になり、プラス数十万の失費となった（泣）

ばならないのはまず地盤と上下水だ。どんなに構造やデザインの家であっても、基礎がおろそかではやがて傾いてしまう。そのために地盤調査が義務づけられており、軟弱な場合はそれに対応する地盤補強の工事を経ねばならない。

上下水に関しては、あらかじめ住宅用に造成された土地ならまず問題はないが、そうでない場合は、水道本管がどこにあるか？　そこから引き込むとき家までの距離はどのくらいか？　下水管はあるか？　なければ浄化槽をつけるがその排水を流す場所はどこか？　それには勾配はとれるか？　という視点で土地を見なければならない。

電線なら空中を飛ばせばいいが、上下水管は地中に埋めねばならず、工事費がかさむのである。また、浄化槽からの排水に関しては、用水路に放流する場合は水利組合などに別途お金を払う必要も出てくる（※）。上下水の敷設条件が不利だと、後の金額に大きくひびいてくるのだ。

> ※後日、水路組合の組合長に下水放流の使用料を支払う約束をし、水道管敷設に際してその水路をまたぐ承認の印鑑をいただいた。その水路は小さな溜め池から田んぼに水を流すためのもので、私たちの下水はそれに合流することになる（最近の浄化槽は性能がいいので問題ないそうだ）。その日、現場で組合長から溜め池から田んぼまでの水の経路を詳しく教えてもらった。さすが雨の少ない（溜め池密度全国一位）の讃岐というべきか、なかなか複雑で驚いた

庭と畑をどう考えるか

この敷地の最大のポイントは海が見えるということである。2階からは瀬戸内海を遠望でき、島を背にフェリーや漁船が行き交うのが見られる。これがなければ、私たちはこの土地に魅力を感じなかっただろう。

畑敷地があるということも重要だ。いまは荒れ地になっているが、パルテノンを挟んで反対側は、畑にしていくつもりなのだ。

日本では建物と庭との関係が重要視される。多くの設計家は庭を一体のものとして設計していく。が、ここではとりあえず庭との関係をあまり考えない。上下水の関係から建物の位置が限定されること。隣接して保育園があり、騒音やプライバシーの問題があるので、1階に庭と地続きな開放的な空間は取れないこと。そして、庭敷地が広すぎるので本格的に庭をやるなら周到な設計と植栽計画が必要となる。雨が少ないという讃岐の気候の特性、この地の地質に見合った植物の選択と配置。それらは自分でこれから畑や敷地とつきあいながら、考えていくべきものだ。

駐車場の問題もある。が、それもスペースは十分あるのだから、とりあえず置いておき、母屋の設計に集中する。

3章　日本の木で美しい家をつくる

2 設計の要点

私たちの要望

今回の家をつくるにあたって、先に私たちの希望を工務店側に次のように伝えた。

1）事務所（アトリエ）兼住居であること。
2）リビングと台所、仕事場を2階にする。
3）海が見えるという最大の利点を活かす。
4）玄関に飾る絵は決めてあるので、その絵が引き立つような、かつ仕事場であることが伝わる玄関。
5）材料と施工精度はこだわるが、全体の金額はローコストで。そのためデザインはシンプルな箱。壁塗りなど施主が積極的に参加し、DIYの余地を残す。

これに加えたYの希望は「昼間は照明を使わないですむ家」だった。Yの実家は商店街のアーケードに面する鉄骨のビルで、子供の頃から昼間から照明をつけることが嫌で仕方がなかったそうだ。山暮らしのときは古民家を借りていたので、当然ながら家の中は暗い。だから天窓にも憧れがあったが、工務店から「高松では夏の日射を考えると天窓は止めておいたほうがいいですよ」とたしなめられた。

外観のイメージと屋根・壁材

設計を工務店にお願いするということは、その工務店がかかえている職人や素材屋に身をゆだねるということである。建築工法や断熱の種類、設備をどのメーカーから採用するかなども同じで、おおむねそれに従えば流れはスムーズに行く。

それでも自由選択の余地はたくさんある。たとえば屋根や壁の材料、そして家の形。それらのパターンは工務店のホームページで見ることができる。

設計にあたってまず外観のイメージを伝える。コストを考えて家の形はシンプルな箱（立方体）。屋根の形は切り妻（最近は片流れが流行っているが）。軒はある程度出す（最近は軒を出さない家が多いが）。

屋根材はガルバリウム鋼板（※）でお願いした。これで瓦屋根に比べてかなり軽くなる（耐震性で有利）。また、雨が流れやすいので屋根勾配を緩くすることができる（コストの点で有利、煙突掃除がしやすい）。

※アルミニウム55%、亜鉛43.4%、シリコン1.6%のアルミ亜鉛合金をメッキした鋼板。軽量で腐食に強い

鋼板だと夏に屋根が熱くなるきらいがあるが、Hの工務店は屋根の下地に通気層をとる断熱法を採用しており、軽量かつ効果的な断熱ができるとのことだった。

壁に関してはスギ板張りも考えた。瀬戸内地方では「焼き杉」といってスギの表面を炭化するまで真っ黒に焼いて、それを外壁に使う伝統工法がある（腐食しにくく火災にも強い）。昔は大工が現場で焼いたものだが、今は既製品の焼き杉があるらしい。しかし、既製品は薬品処理をしていたり焼きがあまく、塗装をか

写真上：瀬戸内海の本島（香川県丸亀市）の伝統的建造物群保存地区に残る焼き杉壁と本瓦の民家。写真下：その表面は焼きの層が深く、40〜50年は保つという

焼き杉

迷う…

けて風合いを出しているものもある。使われている壁を観察すると焼きの層がはげて色落ちしているものをよく見かける。現在のスギ材は、製品加工の前に、どこの木をいつ伐ったものか？　それをどのように乾燥させているか？　という問題があり、昔のようにいい材料を使っているとは限らない。また、現実的には施工手間の問題や、サッシ（窓）との取り合い部の水切り（雨対策）などの問題も出てくるわけである。

というわけで、壁もガルバリウム鋼板にフッ素焼き付け塗装を施した「金属サイディング」を選択。色は母屋がディープグリーン、下屋がナチュラルホワイトでいくことにした。こうして屋根と外壁のディテールを決めておかないと、建物のイメージが湧かないのだ。

設計士のKさんは私より年若い女性であり、それなりに彼女の好みが外観に反映されてくる。プランは最初、棟部がセンターにあるごく平凡な切り妻総2階から始まり、次いで棟部を半間ずらして下屋に囲炉裏を置くというアイデアが出（**24ページ図**）、コストダウンのふるいをかけて、現在の形にたどり着いた。

平面計画

家の形がシンプルな箱になった場合、重要なのは平面のプランと窓の形と大きさ、位置である。

日本の住宅建築は今でも伝統的な尺モジュールが使われており、910mm（半間）のグリッドが基本単位になっている。その2倍の1820mmが1間であり、そのモジュールで割り付けしていくと材料にムダがない。平面設計は910mmの1/100スケールの方眼紙に落とし込んでいく。

2階はワンフロアーにして台所と仕事場、そして囲炉裏暖炉のスペース。1階に客間兼用の和室、主寝室、廊下を挟んで納戸、トイレ、風呂を置く。

2階は面積にして2/5が台所と食堂、3/5が仕事場と囲炉裏暖炉の居間となる。前者と後者はスギ材フローリング材の種類（高温乾燥材と低温乾燥材）と張り方向を変える。

いま流行りの「吹き抜け」はつくらない。2階に居間・食堂を置くというのは買い物での食料品の移動やゴミ捨てには難はあるが、吹き抜けによるデメリット（冷暖房が効きにくい、2階の床が狭くなる）がなくなる上に、一階に柱や壁が集中するので耐震性も高まる。

最初、2階にもトイレをつくる予定だったが、コストを考えて諦めた。これは正解だった。水回りの位置は上下階で位置を揃えたほうが、ガスや水道の配管がコンパクトに納まる。そもそも食卓の近くにトイレがあるのは気分がいいものではない。2階の仕事場からトイレへ階段で下りねばならないが、居職の私にはいい運動になるだろう。

片流れ屋根の下屋内部は断熱材や壁、天井はつくらない。つまり柱と梁桁がむき出しの空間となり、床は土間コンクリートのままとする。一階に縁側やデッキなどのオープンスペースをつくらないぶん、ここが庭との緩衝地帯として機能する。

写真上：今回使った外壁材のサンプル。超軽量（モルタルの約1/10、窯業系サイディングの約1/4の軽さ）で継ぎ手がしっかりしている。**写真下**：内部に硬質イソシアヌレートフォームの断熱層、内側にはアルミ箔がコーティング

金属サイディング

ポーチとバルコニー

海の展望を得るもっとも需要なバルコニーは東と北の2面にL字につけたかったが、これもコストがかかり過ぎるので東の一面だけにし、そのかわり北側に半間ほど張り出す（飛び出す）形にしてもらった。最初のプランは木製だったが、溶融亜鉛メッキ鋼鈑の特注にすることで、形が自由につくりやすくなった。ちょうど真下が玄関だが、バルコニーが見かけの玄関屋根にもなるので、玄関ポーチは奥行き半間として、そのぶん内部空間を広くとった。結果としてバルコニーの脚は玄関の門柱にも感じられ、なかなか面白い「家の顔」ができたと思う。

ところで尺モジュールは昔の日本人の身体の大きさから割り出されたもので、現代人には狭く感じることがある（それで1mモジュールを採用する工務店もある）。バルコニーの奥行きも半間910mmでは狭いので120mm増やして1030mmにしてみた。わずか12cmだが、実際使ってみるとこれが大正解であった。一度設置してしまうと直すことができないところは、実際にそこで暮らす気分になって、巻き尺で寸法を確かめて体感し、慎重に検討したほうがよい。

木構造へのこだわり

さて、平面の間取りが決まればあとは木の構造である。おりしも消費税増税（5%→8%）の駆け込み需要のあおりで、国産材が入手しづらく値段が上がっているという最悪の条件が重なっていた。工務店側は横架材には外材──ベイマツ（130ページ参照）を使うことを薦めてきた。

また、工務店は2階の床下地に構造用合板（※）を使う「根太レス工法」を採用していた。24mmまたは28mmの厚い構造用合板を使って半間ピッチの梁桁に直接ビスを打ち、根太をなくすことで工程を短縮しコストダウンできるというものだ。

※構造的に重要な部分に使える強度と耐力を持つ合板。釘の保持力が高く、値段が安い

「ベイマツも構造用合板も使いたくないんだよ」と私は言った。しょせん天井に隠れてしまう構造材になぜこだわるのか？ 便利な構造用合板をなぜ使わないのか？ これまで施主からこのような提案を受けたことは、おそらくあるまいから、私の提案に理解不能のHらは、ふたたび「目が点」になっている。

Hは私の本をいくつか読んでくれていたが、林業関係の書籍は未読のようだったので『これならできる山づくり』（鋸谷茂氏との共著）と『「植えない」森づくり』を渡して読んでもらうことにする。ここに家づくりの思想の原点を求めなければ、私が建てる意味がないからだ。

その流れからすれば国産材を使うのはもちろん、自然乾燥材で大工の手刻みによる接合で、壁は土壁・漆喰塗り、さらにガラス戸も木製建具と行きたいところだ。しかし、それでは予算オーバーになる（工期も長くかかる）のは目に見えている。

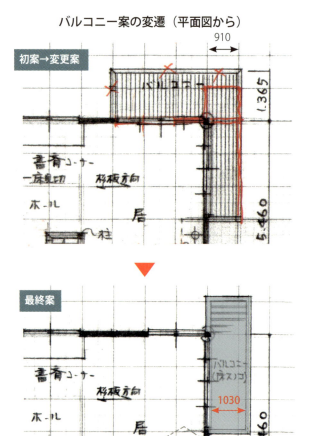

バルコニー案の変遷（平面図から）

Hの事務所にたどり着く前に、高松市内在住の建築家の作品をいくつか見てまわったことがある。ホームページで目に止まった、私よりも若い設計家の自宅・事務所を訪ねてみた。鉄骨造に木の内装をふんだんに取り入れたスタイリッシュな家で、無垢の木はたくさん取り入れているが、木構造へのこだわりはないようだった。もう一件、いわゆる産直の木の会の設計家の作品も眺めてみた。私もかつて東京で産直の家づくりに参加していたことがあるが、このような設計家の家は、一般に木をふんだんに見せる造りになる。元々、伝統的な木組みの家というものは、およそパターンが決まっているもので、デザイン的な自由度は少ない。そして設計家には強い思い入れがあるので、施主の意思が反映されにくいものだ。

「いや、読ませていただきました。なるほど、ここまで書いてるんじゃ外材使えないですねぇ」とHは笑いながら2冊の林業本を戻してくれた。

24時間換気は必要か？

というわけで、横架材もすべてスギ、構造用合板は使わずに2階床材を30mm厚のスギ材とし、その板がそのまま1階天井になる「現し天井」[*12]を提案した。

ところが、1階天井裏には「24時間換気」のダクトが入るのでそれは難しいという。24時間換気というのはシックハウスを回避するために平成15年から義務づけられたもので、要するに建材から放出される毒を換気扇を一日中ゆるく回しながら外へ吐き出そうとするものだ（室内が乾燥するので結露防止にもなる）。一般にはダクトを使って各部屋に配管し、モータによるファンを使って集中管理する。そのため一階天井裏や小屋裏にはこの配管が大蛇のごとく這い回ることになる。

しかし自然素材をふんだんに使った今回の家では、シックハウスの原因はことごとく少ないのだから、窓だけの自然換気で十分なはず。

いろいろ調べてみると、現行のトイレや風呂場などの換気扇を利用する「第三種換気」[*13]という簡易な方法がある。ただし、ドアの下に空気の通り穴（「アンダーカット」）を開けたりする手間が増えるが、それでやってもらうことにする。

現し天井と階高

木造軸組（在来工法）2階建ての場合、よほど特殊な形でなければ構造計算[*14]はせず、経験的に決めるのが通例である。使う木の種類が決まった時点で、プレカット工場に頼むと、その空間に見合う架構と使用すべき木のサイズを出してくれる。

前にも書いたが、木は縦加重には強いので、柱は105mm（3.5寸）角でほぼ間に合う。問題は横に渡す梁桁（横架材）で、たわみに耐えるよう柱の1.5倍〜3倍の梁成（断面の高さ）が必要になる。910mm（半間）のグリッドで間取りを考えると、必然的に柱と柱の間は910mmかその倍数になり、最大スパンは3640mm（2間）と考える。そのスパンと上からの加重を勘案し、経験値からサイズが割り出される。

プレカット工場から上がってきた梁成は、180〜

1階の現し天井部分（平面図から）

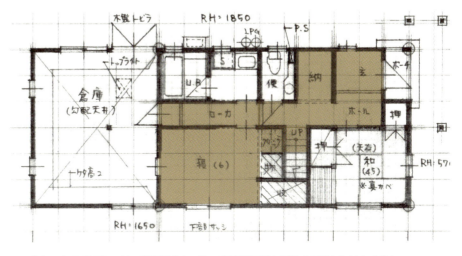

茶色の部分が現し天井。洗面所やトイレ、和室は天井を張るので現しにはならない

3章 日本の木で美しい家をつくる

330mmの5種類であった。スギはベイマツに比べたわみやすいのでやや太くなる。

　廊下には210mmの梁が現われることになった。天井板を張らないので見かけの天井はずっと高く感じる。それで1階の階高（建物の一つの階の高さ、この場合1階の床面から2階の床面まで）を通常より250mm下げることにした。階高を下げることで材料の節約になり全体の重心も下がるのでより耐震性も増す。ただし、洗面所やトイレ、和室は天井が必要なので、通常より低い天井高となる。

　一般に1階の天井高は高いほうが喜ばれるが、今回のケースでは2階にダイニングをとるので1階に高さは必要ない。むしろ1階の低く狭い感じから、階段で2階に上がったときの開放感や明るさがドラマティックになるし、和室などは天井が低めのほうがかえって落ち着いていてよいと思う。

一階の廊下の現し天井を見上げる（工事途中で壁塗りはまだ）

3 素材を選ぶ・運ぶ

合板を使いたくないわけ

　合板はできるだけ使いたくない。とくに厚みのある構造用合板は何層にも接着剤が多く使われるわけで、そこから空気中に放出される化学物質が人体に悪影響を与える――いわゆるシックハウスが心配になる。

　私は山暮らしを始める前は建て売り住宅に住んでいたのだが、その仕事部屋が西側で、西日の当たる夏などは頭が痛くなり、目がチカチカすることがあった。

　しかし2003年の建築基準法改正によって、シックハウスの主原因となるホルムアルデヒド[*15]の使用制限などが規制され「低ホルム建材F☆☆☆☆（フォー・スター）」（※）というものになったという。この合板なら無制限に使えるというのだ。

※低ホルム建材：シックハウスの主要な原因物質であるホルムアルデヒドに関して建材にJIS規格が設けられており、☆（星）の数で等級を表しそれぞれ使用制限がある。☆が多いほど放出ガスが少ないとされ、最上級のF☆☆☆☆（フォー・スター）は内装における使用制限はない

　が、これまたよく調べてみると、ホルムアルデヒドは安価で接着力も強いのでどうしても使いたいという業界の思惑があり、そこで「ホルマリンキャッチャー剤」というものを使用し、一時的にホルムアルデヒドの揮発を抑えることが許された。検査時に「ホルムアルデヒド等級」が一時的に変化して、本来であればF☆☆からF☆☆☆である製品をF☆☆☆☆製品として合格となる、というからくりなのだ。

　キャッチャー剤そのものは、ホルムアルデヒドの吸着作用はあっても分解作用は持たないので、薬品の効果がなくなれば（およそ3年程度）ホルムアルデヒドは放散される。ようするに新築住宅には「24時間換気」が義務づけされるとは、そういうことだ。

　さらに、合板の接着剤の中には防虫・防カビ剤が混入されており、現在では毒性の高い有機リン系薬剤から、ネオニコチノイド系薬剤[*16]が使われる傾向にある。特に、合板のフローリング材に使われることが多く、床暖房使用や真夏の西日によって高温で揮発する。

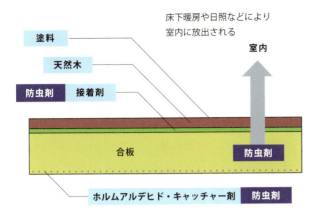

合板（フローリング・壁材）への防虫剤添加

○接着剤または合板に混入させる場合と、裏面に塗る場合がある
・有機リン系（フェニトロチオン他）
・ネオニコチノイド系（イミダクロプリド、アセタミプリド他）

しかし、なぜこんな薬剤を入れねばならないのか？

合板をつくるには乾燥した木材を使う（きちんと乾燥させないと接着剤が着かないのだ）。そのためには当然、高温乾燥が必要になる。すると木の精油が抜けるので虫食いに弱くなる。かつら剥きするので、さらに虫食いに弱い辺材も混じる。また合板は湿気を吸いやすい。木材は湿気（しけ）ると虫食い（とくにシロアリ）が入りやすいので、なおのこと薬剤が必須となるわけだ。これに接着剤の放出ガスが加わる。ホルムアルデヒドだけでなくVOC（揮発性有機化合物／トルエン、キシレン、エチルベンゼン及びスチレン）もだ。

合板はたしかに便利なものだ。しかし、もともと湿気に弱い合板は高温、多湿の日本には合わない。以前、古い流し台を解体したことがあった。台の骨組みはかなり精巧な造りで、ほぞで組まれ、そこに化粧合板が貼られていた。無垢の木に食いついた木ネジは回して外すことができるが、合板に食いついた木ネジは錆が酷く、回してもネジ頭が上がってこない（空回りする）のだった。

木材は湿気を吸ったり吐いたりする性質を持っているのだが、合板はいったん湿気を吸ってしまうと吐き出すことがなかなかできない。接着剤で何層にも固められているからで、それでも小口の断面から湿気はゆっくり吸い込まれていき、長年のうちに合板は波打ち、接着面は剥がれ、層状にバラけていく。

構造用合板が多用された家が床上浸水などに見舞われると、もはや解体するしかないという。土台に集成材を用いた家も同様である。しかし、無垢材を使った木造軸組（在来工法）なら、建具や畳を変え、壁を取り替えれば済む。

合板は廃棄するとき有毒ガスが出て燃やせない。囲炉裏にも薪ストーブにも使えないのだ。とはいえ、ゴミに出せばどこか山奥の焼却場で燃やされているのである。

合板はここに使う（屋根下地、天井、建具）

それでも現代の家づくりで合板をまったく使わないというわけにはいかない。効果的に、最小限に使うことでコストダウンが可能になり、工事もスムーズにいく。また、シナ合板などは意匠としてきわめて有用である。以下、私の家でどのような使い分けをしたか、参考までに書いておく。

・**屋根の下地**……昔のようにスギの野地板を使いたいところだが、棟上げ時に屋根下地は合板で一気に張ってしまいたい。雨の心配があるからだ。大工さんも合板仕事のほうが慣れているので圧倒的に速い。屋根下地の場合はシックハウスの影響はほとんど出ない。

・**化粧材としてのシナ合板**……天井材として、また押

上棟式の日、夕刻まで屋根下地の合板を張る大工さんたち

3章　日本の木で美しい家をつくる　57

し入れの内部に使った。押し入れの内部もスギ野地板でいいのでは？　と思ったのだが「ダメダメ、布団なんかの出し入れのときに引っ掛かっちゃうよ」と工務店の社長にたしなめられた（笑）。

・建具の一部……トイレ・寝室・洗面所のドア建具にシナ合板を使用した。ここも無垢材でやると重くなり値段も高額になる。シナ合板の色合いはむしろ漆喰壁とスギのフローリングを引き立てる。

ところで1階床のフローリングはスギ15mmの板を使った。本当は2階と同じ30mm厚で統一したかったが、予算が許さなかったのだ。その場合、下地は合板を使うのが一般的だが、12mm厚の無垢のスギ板に変えてもらった。ダクトによる24時間換気をやめたぶん、床下の湿気が心配になるが、無垢のスギ板を使えば調湿効果があるし、シックハウスも心配ない。

ヒノキ丸太を運ぶ・刻む

2014年の春から、東かがわ市にある棚田と溜め池再生の活動に誘われ、ときどき顔を出している。そこで伐採したヒノキ丸太を何本か貰えることになった。棚田跡の周辺に植えられていたもので、陽当たりと栄養がよいのか枝が張って曲がりも多いが、中には柱に使えそうなものもある。

プレカット工場から上がってきた図面を見ると、丸太が使えそうな柱位置が4カ所出てきた。そこに象徴的に使ってみたいと思った。

まず皮はむいておかねばならない。道具はナタやヨキ、ハツリ用のスクレイパーを使う。しかしヒノキ丸太は枝が多い上に剥きにくく手こずる。結局6月になって、トラックを借り山から現場まで運んだ（**写真14ページ上**）。おかげでだいぶ乾いたが、虫食いが少し入ってしまった。しかし表面だけなので大丈夫だ。

プレカット屋さんから柱の長さと接合部のほぞのサイズ、方向を教えてもらい、パルテノンの下でチェーンソー、手ノコ、ノミを使って自ら刻みを入れた。4本のうち3本は構造的に大梁を支える重要な柱で、装

写真左上：2014年3月16日、棚田の活動場所で伐採丸太の玉切り
写真左下：同6月8日、現地で皮むきとハツリの続き。写真は最終的に和室の床柱に使われたヒノキ丸太。虫食い穴が入っていた表面1cmくらいをヨキでハツる（**61ページ参照**）
写真右：同8月23日、建設現場に運ばれパルテノンの下で乾燥中の丸太

飾だけの丸太ではない。

あとの1本は和室の床柱となる。この柱はヨキでハツり痕を入れた。プロがチョウナ[*19]で仕上げるような規則性やきれいさにはならず、バリが残ってしまうがそれも面白かろう。

ユニットバスで妥協する

2014年7月18日。午前中、現地で測量の修正。その後、高松市今里町にあるLIXIL（リクシル）のショールームへ。LIXILは建材・住宅設備機器の総合企業で、旧INAXやサンウェーブなどが統合されてできた。

ショールームは実際に住んでいるような感覚で見ることができ、今日はそこでユニットバス、トイレ、洗面所の流し台などを仮選択する。工務店にはそれぞれおかかえの住宅設備機器のメーカーがあり、そこの製品を使えば割引がある。もちろん「トイレだけはこのメーカーで」という選び方もできるのだが、割高になり発注や工事にも支障が出ることがある。

さて、風呂だが……。床を自然石、壁を木板、それにヒノキ・サワラ・コウヤマキなどの木製浴槽で——というのが木と森を愛する者には憧れの形だろう。それに追い焚きの「薪釜」が付けば申し分ない（群馬で使っていたものを取り外し、引っ越し荷物として持ってきていた）。が、それを求めればコストは非常に高い（素材だけでなく工事の手間もかかる）。またメンテナンスも大変である。

実は、私が少年の頃、実家はずっと木の風呂桶を使っていた。だ円型の木桶で、燃料は石油で焚いていた。ユニットバスができる前、昔はこのような木桶風呂を使う家がけっこう多かった。記憶の中には黒っぽく汚れた、内部がぬるっとした感触の風呂の思い出しかない。当時は水を大事にしていたので翌日に使い回すこともよくあった。木のお風呂は使用後にすぐ水を抜いて掃除し、乾かすようにしないと美しさを保てない。

プラスチックやFRPは確かにサスティナブルな素材とはいえない。しかし、ここは妥協するしかない。長く使わせてもらい、メンテナンスに浮いた時間を仕事に振り向けよう。

LIXILのショールーム（高松市）

LIXILのショールームに行って驚いたのは、旧来の製品から脱皮してデザインが美しくシンプルになったことで、「無印良品」などもそうだけれど、時代は北欧的・ミニマリズム[*20]の方向に動いているのだと思った。また、当然ながら使いやすさに改良を重ねているし、素材も進化している。たとえばプラスチックの疑似木や疑似石に嫌らしさを感じないものが出てきた。従来は安っぽいまま質感を真似るか、あるいは徹底的に本物に近づこうとしていたが、それを突き抜けて疑似デザインが新たな属性（アイデンティティ）を持ってきているのだ。

階段手すりはアイアンで

アイアン作家の中井氏には囲炉裏暖炉のフード・煙突だけでなく、階段手すりもやってもらうことにした。

イメージはできていた。Yの実家の鉄骨コンクリート造の階段手すりがすごくいい（**写真下**）。鉄の丸棒でシンプルなものなのだが、昇降するたびに「昔の職人さんはいい仕事をしているな」と思わせる。写真をメールで送り中井氏に検討してもらうことにする。

仕事場は2階にある。コストを押さえるために2階のトイレを諦めた。なので階段を使う回数は多い。だから手すりは

階段手すりのイメージ

質実剛健なものにしたいが、やはりデザイン的に美しいものでなければならない。

階段と手すりは、家の表情を決定づける重要な見せ場だ。白漆喰の壁、ナチュラルな木の床階段、それにアイアンの黒が映える。その動線の先に囲炉裏暖炉のフードと煙突の黒がつながっていく。キレイだと思う。

手水鉢を買いに砥部の窯元へ

2014年7月31日。午後から高速で愛媛へ向かう。この家はできるだけ四国の素材を使おうと思っていたので、トイレの手水鉢に愛媛の磁器である砥部焼[*21]を選んだ。ネットで探してみるが気に入ったものはなかなかない。自分の作風を手水鉢用に焼いている作家は案外少ないものだ。

ようやく見つけた。窯元は「岡田陶房」といい、デザインは砥部の王道をゆくもので、作り手の岡田威(たけし)さんは現代の砥部を代表する作家の一人だ。砥部焼は硬質で、爽やかな感じが漂う器である。

電話して直接工房へうかがった。いくつか鉢を用意してくださっていた。一尺のサイズを購入。一枚板に穴をあけてそれを埋め込み、水栓をつけるのだ。

砥部焼は硬質な白磁器。原土に鉄分が含まれるので青みを帯び、そこに伝統的な「唐草文」がよく映える（岡田陶房）

銘木屋で私流に木を選ぶ

それらの一枚板は高松市内にある銘木屋で選んだ。よもや私が銘木屋で木材を買うとは思わなかったが、工務店の社長に誘われ、出掛けていった。

屋外の倉庫には無垢の大判一枚板が積み重ねられており、樹種を指定するとフォークリフトで運び出してきてくれる。

最近はホームセンターの資材コーナーでも一枚板が安く売られているが、それより値段が安い。傷や虫穴、色の悪さ、木目の調子の平凡さ、腐れが入り完全ではないものなどは、さらに安い。ただし、ノコで切り出しただけの原木なので、プラス加工賃（鉋がけ＋ウレタン塗装＋虫穴埋め代など）が加算される。

和室の床の間にケヤキの突板(つきいた)（合板）をすすめられた。が、私は突板は好きではない。機械でかつら剥きした薄い板を貼って、さも一枚板のように見せるという発想が嫌なのだ。そこにいくと、シナ合板はそれが一つの偽りない素材に昇華されていて許せる。

なにしろケヤキの突板だってけっこう高いわけで、それにちょっと上乗せすればトチノキの一枚板が買えるのだった。床板(とこ)には奥行きが足りないが、もう一枚スギ板を買って2段にすればいい。

屋内の倉庫には床柱用の磨き丸太や絞り丸太などもたくさん置いてあった。が、まるで木に思えないほどきれい過ぎるものや、あるいはゴツゴツとグロテスク過ぎる木などが多くて、中庸な、健康的なものがない。

京都で茶室や住宅を作る若い設計家が「生きた木にプラスティックの添え木を針金で縛り付けて作る磨き丸太は使う気になれない。節や曲りの自然の風合いの木を活かしたいが、こうした感覚は銘木屋さんや大工さんにはあまり理解されないようだ」というようなことをブログに書いていたが、同感である。数寄屋が全盛だった時代と、現代の好みは乖離しているのだ。

さりとてこのような銘木使いを金持ちの道楽として終わらせるのはもったいない。この豊かな森の日本に生まれたのだから、もっと自由にいろいろな木を使っていいのだ。いや使うべきなのだ。

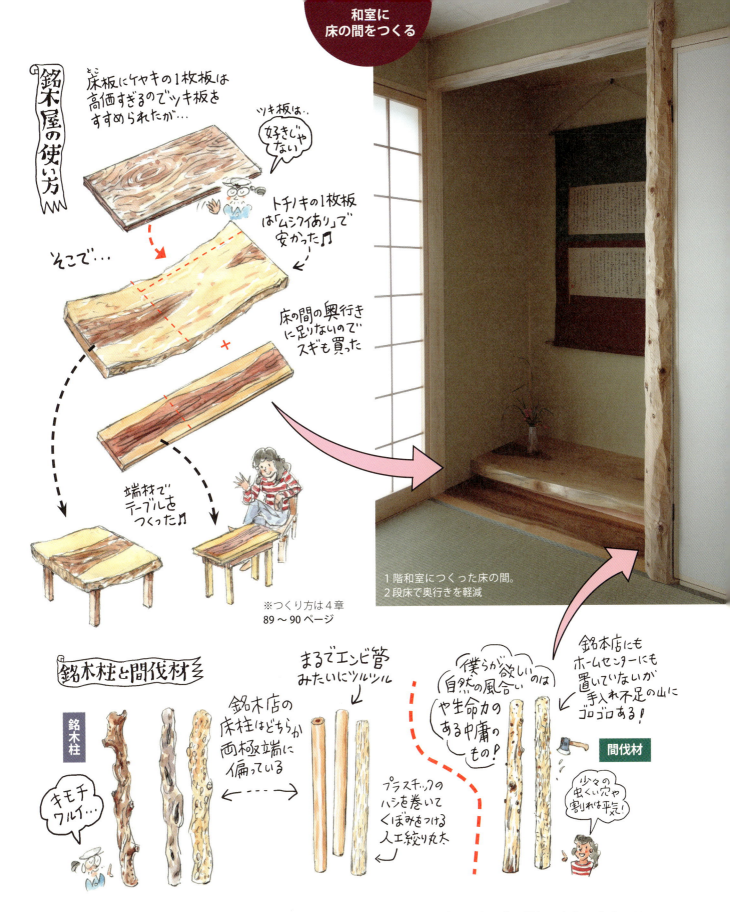

1階和室につくった床の間。2段床で奥行きを軽減

3章 日本の木で美しい家をつくる

木材乾燥とプレカットの問題

さてベイマツは回避でき、国産材を使うことになってサイズも出たわけだが、木材を発注する前に、どのような乾燥材を使うか？　という問題が出てくる。

木材は乾燥が重要である。十分に乾燥されていない材を使うと、家に組まれた後で収縮、曲がり、割れが起きる。これが板材ならまだかわいいものだが、骨太の構造材だと組んだ部分にすき間ができたり、壁にひび割れをつくったりする。とくに昨今の高気密住宅、冷暖房で乾燥しやすい環境ではなおさらだ。だから工務店は含水率の低い「高温乾燥材」を使いたいし、金物を多用して固めたいわけである。

しかし、高温乾燥材は100℃にもなる高温の釜に入れて水分を抜くので、そのときに精油分も出てしまう。だからツヤがなくなり強度も落ちる。一方、天然乾燥材は赤みがピンク色で美しく、ビロードのようなツヤがある。また、使えば使うほど、内側からにじみ出る油分でツヤが増してくる。

ただし天然乾燥は時間がかかる。高温乾燥材が釜で10日ほどで仕上がるのに対して、天然乾燥材は最低6ヶ月、理想的には1年以上乾燥期間が必要であり、かつ伐り旬を重視し、スギの場合は葉枯らし（伐採した後に葉をつけたまま山で乾燥させる）もしなければならないから、とっさの需要に対して柔軟性がない。

高温乾燥材と天然乾燥材の間に中〜低温乾燥材というものもあり（45〜80℃で乾燥させる）、これだと見た目は天然乾燥材に近い。ただし構造材のような太いものは乾燥に時間はある程度かかる。窯の出し入れによって天然乾燥を併用するらしいのだが、高温乾燥ほど含水率を下げるのは難しいようである。とくにスギ材は赤芯の水分が抜けにくい。

私が天然乾燥材・低温乾燥材にこだわるのは、自分で高温乾燥材のスギと天然乾燥材のスギ板を両方使ったことがあり、そのあまりの違いに驚いたことがあるからだ。当然、天然乾燥材・低温乾燥材を希望していた。

ところが、全国ほとんどのプレカット工場は高温乾燥材を使うことを前提としている。天然乾燥材・低温乾燥材を使えば、工期短縮・コストダウンというプレカットのメリットがなくなるからである。ちなみに住宅産業に使われる外材や集成材は、ほとんどが高温乾燥材（KD材[*22]）である。

木材の流通は闇の中

工務店のプレカット屋さんは「自然・低温乾燥材をできるだけ探してみる」と言ってくれ、自分たちの知りうる範囲で情報をとり、低温乾燥の構造材を探して見積もりを出してきた。それを見ると高温乾燥材の1.5倍以上の値段がついている。まして木材が全体に品薄高騰している時期だけに、総額はかなりのものになった。

ところで……プレカット会社や工務店に天然乾燥材・低温乾燥材を使った（見た）経験がないのなら、その真贋の判別がつくのだろうか？　木材ほどその実態が見えない業界もない。まずは林業というものが素人にはさっぱりわからないわけだが、いったん山元の手を離れると、山から市場まで、市場から製材・乾燥所から工務店まで、そして最終商品の家としてユーザーに届くまで、まったく闇の中となる。そして、この間に「産地偽装」があるのは業界では常識なのだ。

施主は自分の家に使われる木材の姿はさっぱりわからず、上棟の日に初めて出会うわけである。数百万円もする買い物がこんなことでいいわけがない。

天然乾燥材・低温乾燥材を探して　……徳島、木造住宅展示場

私個人でも天然乾燥材・低温乾燥材を当たってみた。ネットで調べると四国では徳島の製材所や共販組合で低温乾燥材を扱っているらしいと知り、2014年の初頭、熊野に取材にいく途中、その総合住宅展示場を見に行った。しかしモデルハウスの中に入ると、一目見て高温乾燥材とわかった。よくよく聞いてみると、中低温乾燥ではスギはなかなか乾かないのでやっておらず、構造材の注文には対応できないとのことだった。

その展示場には木材をふんだんに使ったお洒落な家が並び、中には薪ストーブの煙突が立つものが何棟か

ある。結局、意識の高い施主や建築家たちは「国産材を使う」というレベルまでは行くが、その木材がどのような乾燥を経ているかについては知識（興味）がなく、業界はそれについて口をつぐんでいるということなのだ。

やや離れた所に、天然乾燥のスギのみを使うことで全国的に名の知られた住宅のモデルハウスがあった。私は東京の活動期において、このグループの代表の講演を聞いたことがある。ふだんは日曜日しかオープンしないのだが、声を掛けると応対してくれ、中を見学しながら話を聴かせてもらった。ここはすべて葉枯らし材の自然乾燥スギ材だ。年月が経って焼けていることもあり、赤みの美しさは飛んでいたが、節などはまだ褐色の中にえんじ色を宿している。1階のフロアーも塗装なしで自然のツヤがよく出ていた。ただ、木をふんだんに使うというコンセプトでつくられただけに、壁にもスギ板が過剰に使われ、いささかうるさく感じた。木材だけの注文にも応じるとのことだったが、最低6ヶ月の猶予がほしいとのことで、やはり工期的に無理なのだった。

製材所を見学する……その1・尾鷲

徳島の住宅展示場を見て、熊野の取材を終えた後「愛工房」（※）の低温乾燥機でスギのフローリング「尾鷲香杉」を製作している尾鷲の畦地製材所に立ち寄ってみた。アポなしで午後遅く訪れたにも関わらず代表の畦地さんが親切に対応してくれた。

※愛工房：伊藤好則氏が開発した低温木材乾燥機。電熱で乾燥温度は45℃、庫内部は木製。仕上がりは天然乾燥以上に色つやよく硬質。従来乾きにくいとされたスギの黒芯も乾燥可。板材なら高温乾燥よりも早い

愛工房は板ものが中心で、構造材は扱わないとばかり思っていたのだが、構造材もあるという。しかもこの状況でもモノは確実に揃うという。低温乾燥の製品は値段が高いとはいえ、一般市場が品薄で高騰しているのだから、案外釣り合う価格になるかもしれない。畦地さんに後で見積もりをお願いする約束をした。

しかしこの見積もりの算定がなかなか出てこず、ようやく出てきた金額は予想以上に高かった。さらに、見積書の明細には「含水率は20〜30％程度で、発注から納期まで3ヶ月以上かかる」とあり、急ぎの場合はこれより含水率が高くなるという。さらに住宅ローンを利用しているものには厳しい支払い形式を要求され、愛工房の構造材は諦めざるを得なかった。

ふつうプレカット工場は自社の在庫品や長年付き合いのある生産者の木材を使っているわけで、施主から特別な材を持ち込まれることなど嫌がるものである。ましてや乾燥の甘い材を持ち込んだとき、後で何事か起きたときにどのような責任問題になるか……。

結局、畦地さんの所からは2階で使う30mm厚ス

写真左：愛工房の乾燥機を持つ三重県尾鷲の畦地製材所。**写真右**：社長の畦地さんがサンプルを超仕上げ鉋にかけてくれる

ギフローリングの製品だけを購入したが、最初の見積もりより単価がかなり上がっていた。また、運賃が別途5万円ほど余計にかかり、全体として工務店を驚かせるほどの高い買い物となってしまった（誤解なきよう記しておくが、製品は確かにすばらしいのである）。

製材所を見学する……その2・久万

天然・低温乾燥材の構造材を諦めることになり、まったく振り出しに戻ってしまったわけである。すでに地鎮祭を終え、9月になろうとしていた。

プレカット工場の担当者から「高温乾燥でいいなら愛媛の久万森林組合で大径材のスギを扱っていて揃いそう」との情報を得た。ちょうど業者に会って打診してみたそうだ。色見や節割れなどを現地の乾燥工場まで確認に行ってもOKだという。

9月に入ってすぐ、プレカット工場の担当者と工務店の社長と共に見に行った。久万高原町は何度か車で通ったことがある。土場や製材所があり、一目で林業の町と知れる。ちょうど大型木造の「道の駅」ができて話題になっていた。そこでバイキングの昼食をとり、その後、森林組合が関わる展示住宅を見学した。

乾燥工場は久万高原町の役場から山に少し入ったところにある。主任から製品の高温乾燥スギの梁桁材の説明を受ける。とにかくストックの多さはかなりのもので、久万にはこのような中〜大径材がかなりあるらしい。新興林業地にしてはやや早い時期に植林をしていたことも理由で、四国霊場四十四番札所「大宝寺」の住職（吉野から来住）が明治初期に吉野林業の体系と苗木を導入したのが始まりとされる。木目も密で肌も悪くない（割れが入ったものは一般の出荷から除外するそうだ）。

次いで工場長に乾燥機の説明を受ける。蒸気で乾燥させるもので、釜の燃料は重油を使っている。まず蒸煮（じょうしゃ）といって水蒸気で110℃にして12時間熱し、木のリグニン樹脂を軟化させてしまう。その後、温度を120℃に上げて表面を焼き固め、それから5〜6日かけて温度を徐々に下げていく。これで割れがかなり防げるのだそうだ。乾燥機に入れる日数は8.5〜9日間。その後、落ち着かせてリバウンドを見、モルダー（ドイツ製の四面自動カンナ機）にかける。さらに化粧材の場合は鉋がけし、製品とする。誠実な対応だったし、製品も思ったより悪くなかった。

しかし、高温乾燥のために構造材としての耐久性が劣るというような説明はない。ふと見ると、赤芯がピンク色で美しい乾燥材があった。化粧材のために80℃というやや低い温度で乾燥させる釜のものだという。これで全部の構造材をやってもらえたらいいのだが……などと考えていると、プレカット工場の担当氏があわてた様子で「今回は低温乾燥じゃなくて高温のでよろしいんですよね」と私に釘を刺しにくる。今の時点からのお願いではおそらく納期が間に合わない（そもそも構造材はこの釜に入れない？）と思ったので、進言を止めておいた（私もそれほど野暮じゃない）。

久万広域森林組合「久万事業所」内にある乾燥工場のスギ材製品のストック

住宅資金と工期との関係

　家づくりの資金を最初から現金で全額用意できる人はいいが、ふつうは住宅ローンを組むだろう。私も自己資金だけでは足りないので住宅ローンを組んだ。

　ただし私のような自由業・フリーランサーは、住宅ローンは敷居が高く、審査に通らないことが多い。その中でも住宅金融支援機構の「フラット35」（※）はもっとも有望で、今回はそこで借りることができた。

　借り入れの申請にはまず工事費の概算が必要である。工務店と意見を出し合って家の形が決まり、様々な見積もりを取り、その工事費の総額（概算）が出る。そうして工務店と「工事請負契約書」を交わしてから、借り入れの申請をする。まず額面ありきである。この他に、過去2年間の実年収（経費を引いたもの）、自己資金の照明コピーが必要だ。借りれる限度額は、年齢と所得で決まってくる。

　工事請負契約書の締結が2014年7月の中頃。すぐにその足でローンの申請書類を出し、その約2週間後、審査が無事通ったと連絡を受けた。

　こうして「工事請負契約書」の締結以後、初めてお金の流れが発生する。支払いの条件は契約時に「契約金の10％＋経費」を、着工時に「契約金の30％」を、棟上げ時に「契約金の30％」を、そして竣工時に「契約金の30％」を払い、満額支払いとなる。家が完成した後に一括支払い……というわけにはいかない。着工から家が完成するまでの数ヶ月間、工務店の運転資金、建設資材代、職人たちへの支払い等があるから、少しずつ工務店側に前払いしていくのだ。

　さて、ローンの審査が通っても銀行はすぐには金を出してくれない。なぜなら、担保が「完成した家」そのものだからで、竣工して初めて担保が生まれるのでそれまでは貸せないのだ。ここが、「注文住宅」と「建て売り住宅」の違いで、「建て売り住宅」を買うときはすでに担保が完成しているわけだから、すぐに貸してもらえる。

　ではその間の金をどうするか？　銀行もよく考えたもので「つなぎ融資」というシステムで前借りさせてもらえるのだ。いわゆる信用貸しであり、保証人はなくていいのだが、そのかわり土地の権利書を銀行側が一時預かりする（これは言い方は悪いが、いわば「人質」のようなもので、「預かり証」を交わし、後に返還される）。当然、手数料や利子が発生するので、それらはのちに借り入れ金額より天引きされる。

　ところで、契約時の工事費はあくまで仮決めであって、流動的である。その後の細かな変更で変わってしまう。たとえば今回の場合は手すりやバルコニーを既製品から特注に変えたのは、工事請負契約の後である。また最初はキッチンは木製でオーダーメードにしていたが、既製品に変え、これは安くなった。それらを最後に清算するのである。

　だから、途中で様々なトラブルや変更があっても、金額の総計を考えながら、竣工までに設計内容を変えて相殺する余地が残されている。完成までは、つねにこのお金のバランスシートを考えながら、家づくりを進めていくわけである。

　このようなシビアなお金の流れの中で、木材を発注してから乾燥期間に3ヶ月〜半年待たされるということが、施主や工務店にとって、いかに不安で大変なことかわかるだろう。

※長期固定金利が特徴。ただし「一定条件を満たす優良住宅」である必要があり、機構における「技術基準適合住宅」に適合しなければならない。すなわち断熱仕様や木材の種類等に細かな規定があり、提出書類が煩雑になる。また、借主が団体信用生命保険に任意で加入することが条件となっている

4 現場に通う

地鎮祭から着工まで

　地鎮祭は2014年8月25日に行なわれた。工務店に高松市内の神社と神主さんを紹介してもらい、工務店の社長と設計士、そして初見の若い大工さん（後に棟梁と知った）が来てくれた。

　9月に入って水道工事、中頃に地盤改良工事が行なわれ、下旬には基礎工事が開始された。

　基礎のコンクリートが打たれると建物の大きさが実感となって迫ってくる。10月16日に基礎の型枠が取り払われ、家の外回りの配管工事が続けられる。

　着工から工事はよどみなく順調に進んだが、この間にも工務店との打ち合わせは続く。照明・配線とコンセント位置の確認。建具類の細部決め。レールや把手などの材質と色、障子の桟の割り数（間隔）。それからクロスの見本で色とテクスチャーを確認。窓のガラスは透明か磨りガラスか……これらを製品カタログとにらめっこしながら設計士のアドバイスの元にどんどん決めていく。

　とにかくこの頃には、決めるモノが怒濤のように押し寄せてくる。建築については一般の施主よりも勉強はしているつもりだし、自由な時間もとれるが、それでもわからないことが多すぎる。自分の能力や経験や感性を越えた部分で、「とりあえず」決めていくしかない。そうしないと前に進まないのだ（後で修正できるものはする、と考える）。家づくりとはこのように仮決めと変更が次々と起きる作業である。

　地鎮祭を過ぎてから構造材の大きな変更があり、資金計画も不安になりながら「この家は本当に建つのだろうか？」と悶々とする日々が続いた。次週には土台の本工事に入る。そして上棟は11月の初め。それまでに私は丸太4本のほぞを刻まなければならない。

　最近は上棟式をやらない現場も増えているらしいが、私たちはやることにした。昔のように近所の人を呼んで盛大に餅や菓子をばらまく、といったものでなく、ごく内輪のものだが、餅だけは市内の和菓子屋さんに頼んでおいた。

ほぞを刻む、上棟、丸太柱入る

　11月2日、大工さん2人が土台のヒノキを組みにかかる。明日の上棟に備えて足場が組まれている。私は見学もそこそこに、丸太のほぞの最終チェック。大工さんと工務店の社長からのアドバイスを受け、少し削り直しをする。すでに届けられているプレカットのほぞ穴の幅は正確に30mmだったので、するっと入るようにほぞの厚みを28.5〜29mmくらいまで落とすことにする。ほぞ長も5mmほど短めにノコでカットした。プレカットの穴にはバリが若干あるので、そ

写真左：地鎮祭は出雲大社高松分祠の宮司さんにお願いした。**写真右**：「穿初（うがちぞめ）の儀」斎鍬を入れる盛り砂

写真上左：捨てコンクリートに防湿シートが張られ型枠を立てる。
上中：バルコニーの脚の基礎型枠。
上右：鉄筋が入る。下屋の大フロアは鉄筋が2重に組まれている。
写真下左：1階目のコンクリート打ち。コテで表面を均している。
下左：2回目のコンクリート打設のための型枠と配筋ができる

10月16日、型枠が外され、基礎が完成する。正面に見えるのは女木島

3章　日本の木で美しい家をつくる　67

れを考慮したほうがいいだろうと。長さはJIS巻き尺で正確に計った。問題はほぞのゆがみである。丸太は若干の曲がりもある。だから、ゆるゆるに削ったくらいでちょうどキツキツになるはず。刻む丸太は飾りではない。構造材として機能し、見せ場としても重要なポジションなので失敗は許されない。

翌3日、週間天気予報では雨だったが、前倒しで雨が降り去り、朝から青空が見えている絶好の上棟日和になってくれた。朝も早々に、工務店の社長から、丸太が無事おさまった旨のレポートと写真がiPoneに送られてきて、ホッとする。昼過ぎに現場へ。

丸太が存在感を放っている。大工さんたちもこの施主刻みの丸太持ち込みにはぶっ飛んで（呆れて）いたらしい（笑）。

棟木が入る。基礎だけ見たときは小さいと感じたが木材を建て込んでいくと大きく見えてくる。構造材がすべて組まれると、すかさず棟梁が垂直を調整しにかかる。プレカットとはいえ、ほぞ組みだけでは正確な垂直は出ない。だからこの時点では金具はゆるめに仮締めしておき、水準器と構造材の対角線を締め上げる道具で調整したのち、仮の筋交いを釘打ちするのだ。

しかし大工さんたち、仕事が速い。あれよあれよという間に垂木が打たれ始める。敷地が広いのも幸いしている。クレーンや資材の置き場の余裕あり。何より天気が味方をしてくれた。好天と悪天では上棟のしやすさに雲泥の差があるそうだ。

上棟式と棟札

その日の午後、2階に臨時の板を敷き、祭壇をしつらえて、16時から上棟式が始まる。祭壇の中央には御幣と棟札が立てられ、左右には供物が置かれている。2段重ねの供え餅が建屋の四隅に配置され、ひと回り大きめの餅が祭壇に置かれる。4隅の餅は施主である私が、2階の足場からまくのである……とはいっても、受け取る大工さんらがそれぞれ配置され、確実にキャッチしてくれるのだった（笑）。

式が終わり、階下に降りて、大工さんたちに本日のお礼とねぎらいの言葉をかける。本来は心付けなどを用意するのだが、今回は簡略にお茶と菓子を用意するというふうにさせてもらった。

このあと御幣と棟札は、ふつう家の真ん中の高い所の部材（棟木や柱・梁など）に取り付けられるのだが、この家は断熱材を吹き付けでやるので、それが終わるまで2階の片隅に保管される。

その作業が済んで天井裏に収まったのは12月も最後のことだった。

この御幣と棟札が、家の頂点に収まることが、私は重要なことだと思っている。上棟式を経た御幣と棟札には、家に関わる皆の思いや、木々のパワーや、あるいは天空のエネルギーが込められている。それが家の頂上に納められ、そこから木組みを通って隅々に張り巡らせ、地面にアースするというイメージが浮かんで

ほぞが刻まれた丸太（刻み方や注意点は4章で紹介）

プレカット材が現場へ。ブルーシートをめくってほぞ穴を確認

快晴に恵まれた上棟の日、軸組の最上部「棟木」が打ち込まれる

写真上：足場が準備され、土台が組まれる
写真下：土台の細部、材はヒノキ

ほぞを刻んだ丸太柱がきちんと納まった

上棟式の祭壇、中央に棟札

3章　日本の木で美しい家をつくる　69

くるのである。また、一本の植えられた苗木が、下草刈りを経て、枝打ちを経て、間伐を経て、伐採され、製材され、鉋をかけられ、刻まれて、ここに組まれ、建物として昇華する。その苗木の化身が、この御幣と棟札とダブルイメージになるのである。これは伝統的な木造・軸組の家でしか味わえない。

　大工さんたちがふたたび仕事にかかる。屋根下地が打たれていく。大工さんたちの動きを見ていると、設計の重さや責任というものをひしひしと感じる。

　自邸の上棟というのは生涯に一度あるかないか、誰もが経験できることではない。そんな幸福と感動に包まれつつも、明日からまた新しい仕事が待っている、気が抜けないのだ。

煙突用フラッシング取り付け

　上棟の翌日から休むことなく屋根周りの工事が続く。雨の多い日本で木造建築を建てる場合、先に屋根をかけて中の材料を守るのは鉄則である。下屋にも合板の屋根下地が張られ、穴が切られてこの家で唯一の天窓が先に付けられた。

　そして母屋の屋根には囲炉裏暖炉の煙突用のフラッシング（煙突が屋根を貫通する部分の水切り）が取り付けるられる。囲炉裏暖炉の煙突径200×250mmとは薪ストーブよりやや大きく、フラッシングの市販品はないので鉄の特注品である。これを先にやらないと屋根の防水工事にかかれないのだ。

写真上：屋根に上がってフラッシングを据え付けるアイアン作家の中井氏（左）と棟梁。水準器で水平を見、下からのレーザーでセンターを会わせる。写真下：最終的に板金屋さんがカバーを付けてくれた。写真右：1階から煙突貫通部を見上げる。囲炉裏暖炉の置かれる2階フロアーは梁を太くし、根太も増やしてある

◀壁にシートが張られて家らしく見えてきた

まず煙突の貫通部分の屋根下地と垂木を切断する。ロープで外側からフラッシングを屋根に引き上げ、仮置きして水平垂直、煙突の芯を合わせる。これが難易度の高い作業で、芯が合うだけではダメで、前後左右の微妙なブレを修正しなければならない。具体的には薄いクサビをはさみ込み、それを金槌で軽く打ち込みながら、片側をごくわずか浮かせて水準器で垂直を見る。2階床にレーザー水準器を置いてセンターと直角をとり、仮止めする。あとはビスでしっかり止め、平たい部分はルーフィング（防水材）で覆っていく。

こうして屋根の上に飛び出す「天窓」と「煙突用フラッシング」ができ、そこに防水処理ができると一安心である。屋根から突き出す部分から雨漏りが起きやすい。その接触部に防水資材をきちんと被せることが重要なのだ。雨漏りは中に住むものを不快にさせるだけでなく、木を濡らして建物を傷める。湿気た木材はカビや腐朽菌、シロアリ被害を誘発する。

壁と断熱材吹き付け

屋根は板金屋さんが取り付けに来る。その間、大工さん（といってもほとんど棟梁一人なのだが）は間柱や筋交いを取り付けて、窓やドア枠をはめ込んでいく。そして壁材が取り付けられる準備が始まる。

具体的には透湿防水シートと呼ばれる下地材を外側一面に張っていく。断熱材はこの内側に吹き付けられる。外側には通気胴縁（ヒノキ18mm厚）が打たれ、そこに金属サイディングの壁材が取り付けられる。

下地材が張られると骨格だったものが立体へと変貌するのが感じられ、いよいよ家のイメージが鮮明になってくる。

棟梁は2階の床板を張り始める。室内配管や電気工事も同時進行している。発泡ウレタンの断熱材は、吹き付けられたすぐそばから硬化するので、配管や配線はその中に埋もれて固定されることになるからだ。

天井に通気層をとるための遮熱ボードが垂木の間にはめ込まれる（**下写真**）。見上げれば段ボール素材で、「こんなので大丈夫なのか？」と思うが、反対面にはアルミが蒸着コーティングされ、赤外線を反射するうえに透湿性があるので、湿気の排出を妨げないという。そこにウレタンが張り付いて硬化するわけだから、まあ大丈夫なのだろう。

断熱に関しては工務店の標準装備である仕様を採用した。発泡ウレタンというのは非常に軽い素材である。この家は加えて屋根材も壁材も非常に軽量な素材でできているといえる。

この間に6mmの通気層／屋根下地の合板／遮熱ボード

合板で囲った煙突貫通部

発泡ウレタン断熱材の吹き付けが完了したところ

3章　日本の木で美しい家をつくる　71

弱冠28歳の棟梁の腕前

　予算の関係で下屋(げや)の内装はしない。扉も後付けで私がつくることになっている。しかし、外壁材を取り付ける前にドア枠だけはまわす必要がある。棟梁と工務店の社長とその素材を相談して、ヒノキ3寸でがっちりつくってもらうことにした。壁材の寸法上、ドア枠との間に若干の開きができてしまうので、そこを埋めるためにスギ材で細い枠をまわすことになった。

　棟梁はヒノキの角材を正確に切り出し、コーチングボルトで既存の柱に付けていった。天の横部材は柱にごくわずかな切り欠きを入れて叩き込んでいた。これは落ちない工夫でもあるが、ただ突きつけると柱の角の面取り分の溝が見えてしまうので、それを避ける意味でもきれいな仕上がりになる。同等に、細いスギ枠の天の横材が縦材よりも厚みを薄くして合わせているのも同様。ドア枠というのは目立つので、このように納めたほうが美しく見えるわけだ。ちなみに裏は、土台からわずかに基礎がはみ出している分をノミで欠いて納めている。

　この一連の応用問題を、まったく淀みなくやってのけた棟梁の腕には感心しきりで、これ以後私は棟梁を全面的に信頼することとなった。棟梁は弱冠28歳。地鎮祭で初顔合わせしたときはあまりに若いので棟梁の代理が来たのかと思ったほどだが、話を聞いてみると中学卒業と同時に大工修行に入り、丸亀にあった大工の職業訓練校で最後の伝統的な大工に指導を受けたという。それから現場ひとすじだから経験も十分あり、生半可な中年大工よりよほど腕が立つし、若いから電動工具やタッカー、高圧エア釘打なども使い慣れている。

　ところで大工が刻みを入れないプレカット工法なら、後は簡単にできると思ったら大間違いで、内部の造作には精度を要求される仕事がたくさんある。また今回は無垢のスギを多用するので、木目や節を見ながら木をどのように並べていくかは棟梁のセンスにかかっている。

　上棟のときは別として、以後大工仕事に関しては、応援の大工が数回来たきりで、この家はほぼ棟梁一人で仕上げたといってよい。それはこの家にとって幸運なことであった。

漆喰を塗る

　昔から日本の民家や蔵の壁には漆喰が使われてきた。冒頭に書いた通り、漆喰の白と無垢の木の組み合わせは大変美しく、機能的にもすばらしいものである。

下屋のドア枠をつくる棟梁

▶縦枠はコーチングボルト止め。横部材は柱にわずかな切り欠きを入れて叩き込んであり、面取りのツラが揃う

コーチングボルト／叩き込まれた接合部

縦枠の室内側は柱を彫り込んで基礎の凸部を包んである（赤丸部分とその下側）

2階に石膏ボードが運び上げられ、いよいよ壁塗りの準備

　漆喰は現場で調合してつくり、コテで塗る。その塗り方で表情を変えられるという自由さがあるのに、乾くと堅牢で石のように硬い。微細な多孔質の素材なので吸調湿効果を持っている。また、静電気が発生しないのでホコリが付かず、白さが保たれる。耐火性も抜群である。

　漆喰は色をつけることも可能だが、白壁は室内の明るさをもたらしてくれ、窓から柔らかな光が漆喰壁に帯を落とすのは美しい。その表面にはクロス張りにはない手仕事のゆらぎがあり、人間の目はそれを無意識のうちにキャッチする。

　ただし水汚れなどは目立つので、トイレや洗面所等に使うのは避けたほうがよい。また天井の塗りは大変なので、クロスか板張りにする……と、これは工務店からのアドバイス（私たちもそのようにした）。

　さて、漆喰は断熱材が吹き付けられたらその上に直接塗るというわけにはいかない。まず厚10mm 幅75mmの小幅板（バラ板という）を横に30cm間隔に打ち付けて、そこに石膏ボードを張っていく。漆喰を塗るのはこの上からだ。[*24]

　しかしこのまま塗るとボードの継ぎ目やビス跡が浮き出てしまうので、そこを編み目テープやパテで覆い隠し、天井や床との境目にはマスキングテープを貼ってビニールで覆いをするなどして、木材に漆喰がはみ出るのを防ぐ。

　さらに一度下塗りして（今回はカーボン・プラスターという炭素繊維入りの下塗剤を用いた）それが乾いた後に本塗りとして漆喰を塗っていく。漆喰は1度だけ

3章　日本の木で美しい家をつくる

漆喰壁をつくる

で2度塗りはしない。厚みは2～3mmといったところである。左官さんを見ていると漆喰塗りのスピードは実に速い。時間がかかるのはむしろマスキングなどの下地づくりである。

今回、私たちも漆喰塗りをやらせてもらい、台所と寝室はほぼ私たち2人で塗った。職人さんたちのように美しく平滑には塗れないので、むしろコテ跡のテクスチャーが出るように塗り、それが味になり記念にもなってよかった。が、全部コテ跡の塗りだとしたら、暮らしていて疲れる壁になってしまったと思う。本職の塗りはやはり美しくて、見ていて飽きないのである。

下地づくり

ボードの継ぎ目と釘頭はパテを塗る
出隅は編み目テープで補強
ボードと木の境界にマスキングテープ
木の部分はビニールを被せる

材料

「城かべ」を現場でこねる

ひび割れ防止に混入されている繊維（すさ）

下塗り

下塗剤カーボン・プラスター（炭素繊維入り）を塗る

本塗り

施主の私たちは本塗りの一部だけやらせてもらった

左官は時間との勝負、コテ返しがうまくできないとスムーズに進まない

「ムズかしい...疲れた」「服がベトベト」

漆喰材を載せるコテ板は自作した。コテは素人は5mm厚が使いやすい

鉄工所製のバルコニー

　バルコニーは木製ではなく、アルミの既製品でもなく、鉄で特注していたのだが、2015年1月8日、その鉄工所から手すりのデザインを少し変更したいと話が来たので、制作現場まで見に行くことにした。

　最初、バルコニーは全体を木で設計してもらっていたが、海を見たいので張り出しが大きく雨に濡れる。そうすると腐りやすい。だから金属製にしようと提案した。ところが既製品のアルミ製は高いうえにいいデザインがない。海が見たいので手すりは視覚のじゃまだから最小限でいいのだが、既製品は安全重視のためかやたら手すりの本数が多く、太い。

　そこで鉄で特注することにした。しかし、ここは海が近いから錆びやすい。近所の建物でも鉄製の階段の脚などがサビでボロボロになったのをよく見る。そこで素材は鉄に溶融亜鉛メッキでいくことにした。電気メッキではなくドブ浸けするもので、保護層が厚いのでサビにはめっぽう強く、野外の公共事業工事にもよく使われている。

　バルコニーを支える支柱は100mm角の3本。床ベースはL型アングルの間にスギの足場板を乗せる。手すりの縦部材に50mm角の支柱を立て、それに38mm幅5mm厚の平鋼を溶接して手すりとする。このスパンが大きいので、最初の設計よりも支柱を増やそうという提案だった。部材を見て納得。それでお願いすることにした。

　この道40年という鉄工所の社長は「仕上がったらけっこうきれいなものになると思うよ」と言ってくれた。ここでの加工が終わったら、丸亀のメッキ工場でドブ浸けされるそうだ。

　バルコニー取り付けの日、私たちは出遅れて、現場に着いたときはすでに工事が終わっていた。鉄工所の社長がトラックで帰るところだった。工事のとき車載クレーンのアームが軒先に当たるぎりぎりだったそうで、その取り付けの正確さたるや、手すりの端が壁材や雨樋からわずか数ミリという精度だった。

　このバルコニーは家の中から見ていても気持ちよ

バルコニーの取り付け

写真左：角柱と底の止め板。中にもメッキが浸透するように穴が開けられている。**写真右**：手すりの先端と壁の間はわずか数ミリという絶妙の納まり

く、実用性として半間（約90cm）外に飛び出させたのは本当によいアイデアだった。方向としては東北の角で影地なのだが、午前中は日が当たるし、午後は西日が回るとまたこの張り出しに日が当たる。風通しがいいのはもちろんで、物の乾燥にはすごく便利で干物などをつくるのにもってこいだ。夏の夜、風呂上がりにここに小さなイスを置いて風に当たるのは本当に気持ちがいい。クーラーなしの生活をしていると「自然の風に勝るものなし」とつくづく思うのである。

3章　日本の木で美しい家をつくる　75

5 室内は窓・軸線・影で見せる

大壁で窓を美しく

　住宅の壁の納め方には真壁と大壁という二つの方法がある。真壁は柱を見せる昔の日本家屋の典型的なつくりで、いまでも和室は一般にこのつくり方をする（私の家も和室だけは真壁）。大壁は柱を壁の中に隠してしまうやりかたで、洋間がこのつくりである。大きな壁がとれることもあり、近年の住宅は、ほとんどがこの大壁でつくられている。

　これまで、無垢の木を使う自然派住宅は、真壁をすすめられることが多かったのではないだろうか。柱を美しく見せることができ、木が呼吸できるので建物を長く保たせるためにもいいといわれている。自然派住宅の主義主張に合致するのである。

　しかし真壁では窓そのものの美しさを表現することは難しい。視覚的に柱の軸線が強過ぎて、そちらに引っ張られてしまうのだ。真壁の窓は、大きく取ることで庭の自然と融合する開口部としての意義が大きい。真壁も大壁もどちらも一長一短あるが、窓の自由度と美しさという点から大壁の魅力には抗しがたい。

　窓はペアガラスが主流で堅牢になっている。サッシの気密性や断熱性も高まっている（といってもヨーロッパなどの世界基準からすれば日本はまだ遅れているのだが）。なので現在では雨戸の必要性を感じない。窓のサイズや開閉のバリエーションも豊富にある。ということは、昔より窓のレイアウトがかなり自由になったわけである。もちろん四季のある、寒暖・乾湿の差の激しい日本の気候風土においては、調温・調湿・通風の鍵を握るのも、窓だ。西洋では「窓ですべては完成する」「窓は部屋になることを望んでいる」という建築家の言葉があるくらい、窓の形態や位置は重要な意味を持っている。

　残念ながら「建て売り住宅」では標準間取から無難な窓位置になってしまう。一方、「自由設計（注文住宅）」の面白さはこの窓の自由度にあるといっても過言ではないのだが、大壁を採用しているのに窓は真壁と変わりない平凡なものが多い。

　たとえ単純な箱であっても（ローコストを目指すならそうならざるを得ないのだが）、窓（開口部と光）の力で豊かな空間をつくることは可能なのである。それには大壁である必要がある。

窓枠は上小節（節のない）のスギで

　家づくりの当事者になるまでは、サッシ枠の色なんて考えたこともなく、「どうでもいい」と思っていたが、これがけっこう重要なのだ。この家の場合、外壁色はモスグリーンなので、サッシの窓枠を白なんかにしたら別荘風になってしまい、ちょっと若向きすぎて嫌だ。シルバーも目立ちすぎる。だからシャンパングレーという色にした。これは正解だったろう。

　さらに複合サッシの場合は内側に合成樹脂を使っているので、外側とは別色となり、白かグレーかを選択できる。壁はほとんどが漆喰の白、という空間なので、窓枠も白にしたほうがすっきりするか？……と迷いもあったが、風呂場以外はすべてグレーで統一した。これは正解だったと思う。やはり白ではメルヘン調になってしまう。グレーで締まりを与えたほうが漆喰のエッジがよりきれいに見える。

　窓枠にはもう一つ重要な選択肢があって、内側の壁

真壁と大壁

真壁……柱が表に出る

大壁……柱が壁の中に入る

サッシの内側枠はグレー。窓台だけの三方塗りの窓枠。光のグラデーションが美しい

四方をスギ上小節材で囲んだドア枠、奥のクローゼットの仕切りにインド綿

プリーツブラインドも漆喰壁とスギ窓台によく似合うアイテム

の部分に木の枠を四方に回すのと、下だけ木（窓台）にして上側三方は漆喰を塗り回す（もしくはクロス貼り）方法の二通りが選べる。昔はクロスの継ぎ目が結露によってはがれやすかったので、後者のやり方は敬遠されたらしいが、いまは複合サッシになってこれが可能になった。

三方を塗り回す窓は、漆喰の光と影が美しい。後でカーテンをつけたいような場所、また台所や仕事場など窓枠に堅牢さが求められるところは、四方に木枠を回したほうがよい（ただしプリーツブラインドは窓枠がなくても付けられるし、窓枠がないほうがスッキリきれいに見える）。

もちろん枠の材質にも選択肢がある。わが家の窓枠はすべて無垢のスギ材を、それも節が少ないグレードの「上小節」を用いている。上小節というのはJAS規格で「材長2m未満にあって節が4個（木口の長辺が210mm以上のものは6個）以内」というものだ。実際には大工がうまく選別・切り分けするので、節はほとんど出ないといってよく、スギの木目（板目）*25だけが美しく模様を描く。

「節あり」の構造材やフローリングとは対照的で、それゆえこのスギ板は際立って美しく見える。窓台は壁から若干出すようにつくり込むのだが（この出幅を「ちり」といい、ふつう12〜15mmとる）、これが影をつくって軸線を強調し、さらに空間を引き締める。

建具はケチらない

表情の豊かなスギ材の場合、細かな素材の選択とその使い方次第で違ったものができてしまう。無垢の木で家をつくるとなると単価が上がってくるので、窓枠や建具、あるいは設備の質を落として辻褄を合わせようとするキライがあるが、窓枠や建具枠は絶対にケチらないほうがよい。それぐらい重要なものだ。

無垢材の木製建具を使いたいのは山々だが、カタログを見ると値段的にとても手がでない。また、雰囲気が「和」に過ぎて浮いてしまいそうだった。

というわけで、わが家では合板の中でもきめ細かでおとなしい表情のシナ合板を使って、建具屋さんにつくってもらった。

つくりは「フラッシュ戸」といって表面に桟組子*26がないシンプルなもの。枠をつくってシナ合板を太鼓貼りしてある。つまり中は空洞なので軽いのが特徴。開き戸も軽いので柔らかいスギの建具枠への取り付けも安心だ。これが無垢板だったら、枠もタモ材のような広葉樹にしていく必要があるだろう。すると床材とのバランスがとれなくなる。

面はシナ合板とはいえ、枠は針葉樹の赤身を使っていて締まって見える。漆喰壁とスギの組み合わせの中では、価格・デザインともこれが最適解だろう。

昔から日本の建具はシンプルで繊細・軽く簡素なものであった。そうして床の間や台の上などに四季折々の飾り物（置物や花など）を取り替えて楽しむの

シナ合板の建具（一階洗面所の引き戸とトイレの開きドア）

ただし建具には実用に耐える強度が必要で、その枠には柾目[*27]で乾燥された良質な素材がいるし、接合部のほぞ組も非常にデリケートだ。確かな素材と職人技が必要なので、素人は手を出さないほうがよい。

スギのフローリングは柔らかく、裸足で歩ける。ごろんと横にもなれる。そこに西洋の洋間を真似たどっしりした框(かまち)戸は似合わない。また、窓にはカーテンよりも障子(しょうじ)が合う。障子は明るいし断熱効果はなかなかのもので、暑さ寒さもかなり防いでくれる。

スギ材の幅木と廻り縁

床と壁の接合部につける「幅木」もスギだが、ここは柾目を使ってあり、より直線が強調される。天井と壁との見切りにつける「廻り縁」も重要なアクセント。ここも柾目のスギを使った。

幅木・廻り縁は部材どうしの伸縮や振動を吸収する役目も持っており、おかげで角に汚れを溜めず、掃除しても汚れむらが目立たない。結果的にそれが影と軸線をつくり、空間を美しく見せる。

ただしやりすぎてもうるさくなる。わが家では階段と一階の現し天井には幅木をつけていない（寝室だけは漆喰壁を下げて廻り縁をつけた）。色身や寸法も大切で、そういったバランス感覚も重要なのである。

このスギ材の幅木と廻り縁は既製品もあるが、今回は特注のサイズである。無節・柾目だが、厚みや幅が狭いので端材で採れ、スギ材の有効利用にもなると思う。参考までにそれぞれの寸法を記しておく（**下図**）。

上から、廻り縁・勾配天井用。同・一般天井用。幅木。スギ柾目材で3m定尺、断面寸法は右

節あり・節なしスギ材の配置

現在のスギは手入れ不足で枝打ちがなされていないものが多い。だから幅と厚みのあるフローリング材は節だらけの木が多くなり、そのほうが安く手に入る。また、構造材も同様である。芯の周囲にはとくに節が残るので、長物の横架材などは節だらけがふつうと思ったほうがよい。これらを活かすためには、壁や天井は無地か、無地に近いおとなしいものを組み合わせるのがよいのである。そのほうがお互いが引き立つ。わが家の2階の壁は漆喰、天井は無地に近いシナ合板にしたわけだが、ここに木目や節のある板や合板を並べたなら、視覚的にうるさくて落ちつかないだろう。

そして、節ありの材と無地の素材との緩衝材に、柾目スギ材の幅木と廻り縁を使うことで、見た目にも調和して非常に心地よく、清楚に感じられる。

逆に、横架材や上り梁にベイマツや集成材（節や木目が目立たず、表情はツルッとしている）を見せて使い、天井に節ありの板や、木目の騒がしい合板を使った場合、なぜか殺風景な工場のように見えてしまう。

骨太民家に匹敵する美しさを

スギ材と漆喰壁を組み合わせた大壁の部屋を、これからの新しい住宅空間として提案したい。中〜大径材のスギのよさを最高に発揮できると思うからである。

これは、窓が進化したおかげで可能になったとも言えるのだ。大壁にして漆喰塗りにするとモダンで自由な空間を創出でき、そこにこそ無垢材が輝いてくる。また、柱の軸線がないだけに、勾配天井から突き出た梁や、それに続く丸太柱が強烈な存在感を放つ。ここに細い角柱では弱過ぎる。さりとてふつうの磨き丸太でも役不足だ。節ありのヒノキ丸太を磨いて使おう。

骨太な昔の民家風の家をつくろうと思ったらとても庶民には手が出ないが、ふつうの家のクラスで「スギ・ヒノキの家というのはこんなに美しいのか！」と感嘆するくらいの家が出てこなければ、無垢の木を使ってもらえないだろう。なんといっても構造美にはデザインを超える力がある。それに窓の美しさを加えるのだ。

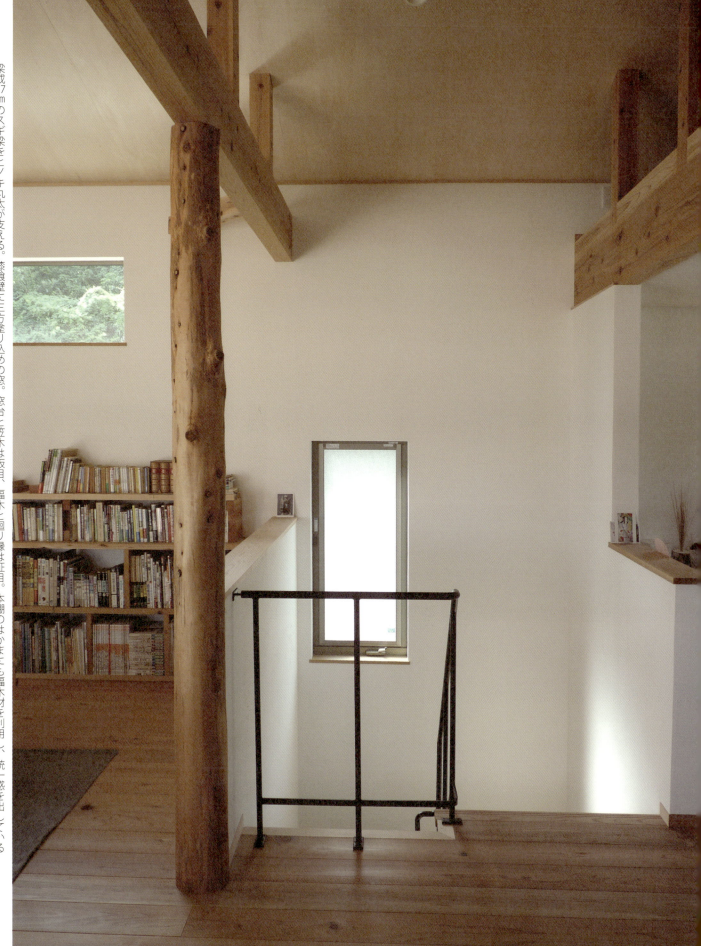

梁成27cmのスギ梁をヒノキ丸太が支える。漆喰壁に三方塗り込めの窓。窓台と笠木は板目、幅木と廻り縁は柾目。本棚のはかまにも幅木材を利用し、統一感を出している

ミニマルな美しさが内蔵されているということ

　いまどき和室や床の間は流行らない。きょうびの田舎のお屋敷の床の間まわりは様々な飾り物（節句の人形であったり大黒様の彫刻であったり……）でコッテリ満たされているものが多い。一方、現代住宅のモダン床の間は、飛躍が過ぎてどうもなじめない。

　もはや床の間にセオリーや正解はないのかもしれない。が、私の中で床の間はやはり茶室のものだ。これまで、たくさんとはいえないが重要な茶室を見てきた。中でも1999年の旅（最初の本の監修者・鋸谷さんと出会った重要な旅であり、修学旅行以来2度目の四国へ渡った記念すべき旅である）の帰りに京都の金地院で見た小堀遠州作の茶室に感銘を受けた（長谷川等伯の襖絵がセットになっている）。そこで床の間のなんたるかを教わった気がした。

　かつて私たちは、床の間がある座敷蔵で個展をしたことがあり、そのときパートナーのYは掛け軸を制作している。この家に和室と床の間はぜひつくってみたかった。

　そこで手斧ハツリの床柱を入れるということになったのだが、さすがの棟梁もこの納めには苦労したようだ。床柱には押し入れの扉が直接とりつくので、床の間の反対側を垂直に切り出さねばならない。しかしその仕事は克服され、養生を取り去って床板を現してみると、木々の表情と組み合わせの美しさに息をのんだ。左官の塗りの技がそれをいっそう際立たせていた。柱の角ぎりぎりに塗り込められた土壁と柱のちり（段差）との緊張感。そのわずかに覗いたヒノキの角が、光の反射を見せ、細い帯のなかにグラデーションをつくっている。これはもう、現代美術のミニマルアートである。

　私たちの選んだ、廊下の明かりもミニマル。そういえば、下屋の外に取り付けられた雨水タンクもなぜか北欧調に見える。

　無印良品にしてもLIXILにしても、時代のデザインは装飾を排除した透明感、ある種北欧的なものに向かっているように思えるが、私たちの家も期せずして全体がそのような気配を帯びている。

　日本の自然素材を使った職人仕事にはすべからくミニマルな美しさが内蔵されており、それがモダンデザインに調和するのはまるで魔法のようであり、本来ならもっとも美しい住宅は、この日本でこそつくられる……という気がする。

玄関の漆喰壁に群馬時代に購入した石井一臣氏の切り絵を飾る。棟梁にお願いしてトチノキの余り材（トイレの手水鉢を載せる台の切れ端）で手すりをつくってもらった

◀廊下の照明器具

◀雨水タンク

床の間の角入り隅。塗り壁にヒノキの柱がわずかに覗き、グラデーションを帯びて輝く

4章

余り残りの木材から簡単家具をDIY

角材・板材はインパクトドライバーで生きてくる

1 残材・端材を有効利用

無垢材の家では大量の残材が出る

　家づくりで出る残材・端材を捨てないよう頼んでおいたが、これだけ大量に出るのには驚いた。工事中にパルテノンの中に残材がどんどん積まれていくのだった。最初は「囲炉裏暖炉のいい薪ができた」などとほくそ笑んでいたが、そのうちに「新築現場で毎度こんなに残材を捨てているのか！」と腹が立ってきた（笑）。私の家は無垢材を多用しているので、とくに量が出たのだった。

　多くは鉋がけされた板と角材で、中には定尺の手つかずのフローリング材も含まれる。ロットで多めに購入するので、どうしても余りが出るらしい。同じく定尺ものの角材が多数。合板の残りも何枚か。これを使わない手はない。

　この章では、それらの材料を使った簡単な家具のつくり方を、私の作例とともに紹介する。DIY愛好者は材料にツーバイフォーSPF材を使うことが多いが、現在はスギ板角材が豊富に出始めている。家づくりを経ない場合でも、木工手法のアイデアとして参考になるだろう。

残材を仕分けする

　今回の残材はもっとも多いのがやはりスギ（種類も量も）。ヒノキは小幅板が多数、他に外材が混じる。今回、垂木や間柱の一部にベイマツを使い、階段の補強や天井の吊り木や野縁にホワイトウッドを使っているのでその端材が少々。なぜこんなところにスギを使わず外材を？……と思うだろうが、垂木や天井野縁は細材ながらテンションがかかる場所で、ビスの効きも重要な部材である。節の多いスギはビス打ちに支障をきたす。また、大工さんたちは経験的に高温乾燥のスギ材が弱いということを知っている。おかげで樹種のバリエーションが増えて、工作の幅が広がった。これに近所の木材ショップでもらった広葉樹の端材（囲炉裏暖炉の側板やテーブルの天板を購入した際に、端材を薪用に少しちょうだいした）が加わる。

　長さや樹種によって仕分けしながら、段ボール箱に入れて分けておくと、いざというとき必要な材を探しやすい。

角材・板材工作の利点と注意点

　山暮らしのときは伐った原木が簡単に手に入ったので、丸太で工作するのが一つのテーマだった。丸太というのは二つの材を正確に組んでいくのは難しい素材で、釘やビスよりも縄や番線しばりが効く。また、丸太から板や角材をつくるのは思ったより難しい。まずは直角の2面ができていないと、正確な板や角材がつくれないが、手道具で平面を出すのがひと苦労なのだ。

　その点、最初から平面と直角がとれている板・角材はありがたいものである。部材同士の接合には直角・水平垂直を守って欠き込みを入れ、ビスで締めると強固な止めが簡単にできる。

　ただし木材料には必ず微妙な反りがある。その誤差を確認し、鉋で修正してから工作を始めるようにしたい。

　また、端材とは基本的に大工さんが要らないところを切り落としたものである。当然ながら、シミなどの汚れや割れ、キズ、節あり、など一癖あるものが多い。むしろそれらをデザインの一部として活かしていく発想も必要だ。

下屋に積まれた残材・端材▼

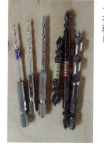
▶各種ビット

インパクトドライバーが開く新たな木工の世界

　角板材は電動ドライバーでビス打ちする作業が多くなる。私は四国へ来るとき電動工具類は知人にあげてきてしまったので、今回はコードレスのインパクトドライバーを購入した。

　これはふつうの木工用電動ドリルよりトルクが強く、ネジがきつくなると打撃がかかり、太く長いネジでもどんどん入っていく。バッテリの性能も高く、連続使用にも耐える。さらに便利なのはビットの差し込みが6角形になっていて、ワンタッチで付け替えができることだ。木工はドライバーとドリルを穴開けとネジ締めを連続して行なうことが多いので、作業効率がぐんと上がる。

　プロの大工は皆このインパクトドライバーを使っており、実際購入して使ってみると以前のコードつきドライバードリルとは作業性に格段の差がある。

　これを手に入れるということは、より強力な接合が可能になるということであり、従来なら精巧で手間のかかるほぞ組みが必要なところが、簡単な欠き込みとビスによる締めでできてしまったりする。その工作性能が新たな木工の形を生み出していく。

　またコードレスなので、野外での作業にも便利で、今後の外構工事にも活躍することと思う。

打撃力表示　充電量表示　充電器　格納箱　スペアバッテリ

※私のインパクトドライバーはマキタのTD136DRMXP[ピンク]。14.4 V、1.3kgと軽量。回転・打撃強度が4段階に変えられる。リチウムイオンバッテリ4.0 Ahはかなり長持ちする。型落ちバーゲン品だったので3万円代後半で購入

基本は無塗装で仕上げる

　さて、私が推奨する角材と板材の組み合わせによる端材木工は、接着剤はあまり使わず塗装はしない（オイルフィニッシュは可）、ことを原則とする。材料となる針葉樹は肌や木目がそれ自体美しいので、色をつける必要はないということもあるが、最終的に壊したとき（壊れたとき）バラして薪にすればいいと考えるからである。そのためにも燃やしたとき有毒となる余分な化学物質を付けたくない。

　針葉樹にも固有の色がある。木目や節の変化も勘案しながら、それらを組み合わせて素材・素地のよさを最大限に引き出したい。色彩は布ものや額の絵、生花などでインテリア・コーディネートしたほうが、漆喰と木の素地が活かされる。

スギの残材だけでもこれだけのサイズ・バリエーションがある（他に角材、幅木なども）。サイズを活かして組み合わせを考えるのが楽しく、様々な形のアイデアが浮かんでくる

ハツリで変化をつける

そのとき木材加工のテクニックとしてぜひ覚えてほしいのが、ハツリのテクニックである。片手で扱える斧(ヨキ)を利用して木材の表面を削り、その削り跡を仕上げとして残していく方法である。

針葉樹は柔らかく加工しやすいのでこのハツリによって加工時間を短縮できる。また、電動鉋のような振動や騒音も出ないのもいいのである(コンコンという叩き音は出る)。

削り跡が波のようなテクスチャーを生み、木工作品に味わいと変化を与えてくれる。これに粗鉋をかけて表面を均せば、ビス打ち木工なら十分適応できる精度になる。もちろん、ハツリクズは囲炉裏暖炉の焚き付けとして役立つ。

バラ板の位置を確認

テーブルや棚を壁付けにしたいとき、壁が漆喰、下地が石膏ボードだとビスの効きが悪い。そこで石膏ボードの下地であるバラ板めがけてビス打ちする。このバラ板は3章で説明したように、10mm厚75mm幅の板を横に300mm間隔で打ち付けてある。施工時にこの位置を確認しておき(写真を撮っておくとよい)、とくに壁付けのDIYを予定している箇所はしっかり計測しておく。絵を掛けるビスを打つときも同じである。

壁付けにすると細い材でも強固な止めができ、すっきり仕上がる。

300mmピッチで入るバラ板

2 必要な手道具

必要なものだけ買う

今回、電動工具は丸ノコとインパクトドライバーだけ、あとはすべて手道具だ。

最低限必要な木工の手道具は、鉋、ノミ、差し金、巻き尺、手ノコ、金槌、けびき、墨壺、斧(ヨキ)、小刀、彫刻刀、そしてこれらを研ぐ砥石である。

他にも便利な道具はいろいろあるが、手道具は最初にまとめ買いせず、必要に応じて買い足していくのがよい。

鉋はまず使ってみる

大工道具の中で、素人に敷居の高いものの筆頭がこの鉋である。たしかに刃の研ぎや台の調整など、厳密にやればきりがないが、とにかくなくてはならない便利な道具なので、まず使ってみることだ(私も未だ正確な研ぎや仕立てはできない)。日に焼けて汚れた木も鉋をかければ美しい木肌が現れる。「面取り」にもなくてはならない道具。サイズは中小2丁あると便利。

ノミは数種類

平ノミが3種類、丸ノミも一つほしい。一番使う頻度が高いのは8分(24mm)の平ノミである。新品の場合は必ずカツラの仕込み(**右写真参照**)をしてから使う。他に、彫刻刀で大きめの丸刀があるとバリを取るときなど便利だ。小刀も一つほしい。

差し金、巻き尺

長さを測る道具である。差し金は直角をとるのにも便利でなくてはならぬものだ。家具づくりには小さな30・15cmのサイズが使いやすい。

巻き尺はJIS 1級のもので幅は18mm、5.5mまで計れるものがよい。

金槌は大小2本

主にノミを打ち込むのに使うが、ビスだけでなく場

所によって釘打ちが便利（必要）な場合がある。細い釘の場合は小さな金槌でないとうまくいかない。大小2種ほしい。

ノコギリとノコ引き定規

電動丸ノコだけでなく、短い寸法のカットや正確さを要求される切断に、手ノコはぜひ持っておく必要がある。縦引き横引きの刃がついている、替え刃ができるものがよい。

垂直を保ちながら正確な直線をノコ引きするためにガイドとなる「ノコ挽き定規」なる製品がある。マグネットが埋め込まれており、ノコ刃を沿わせるようにしてノコを滑らせると正確に切れる。家具づくりではノコの正確さが非常に大事なので、あると便利である。

斧（ヨキ）

拙著『山で暮らす 愉しみと基本の技術』の17ページ下写真でも紹介している「吉野斧」を長く愛用している。土佐の（有）西山商会のもので柄を合わせた重量は700g。繊細なハツリにも対応でき、薪割りにも使える（ハツリの動作とコツは同書49〜50ページ）

けびき（罫引き）

材に平行な線を刻印する道具で、刃によってけがくので精度の高い線が引ける。机の脚など何本か同じノコ引き・ノミの線をつくりたいとき、けびきを使えば正確な寸法を転写できる。

墨壷

糸に墨をしみ込ませ、それで直線を描く道具。針のついたカルコと呼ばれる先端部を木材に挿し、そこから糸を引いてピンと張り、指先で糸をはじいて墨線をつける。差し金や長定規では届かない長い寸法の直線引きに。昔はケヤキ製の木彫りであったが、今はプラスチックのものが買える。

水準器

本棚や机など家具類の水平垂直を見るのに必要な道具。一つ持っておこう。

手道具

柄の保護のためにカツラ（鉄輪）は柄の中に若干沈ませて使う。新品の場合はいったん外して柄を削り、ふたたび叩き込む

3 制作実践編・テーブル類

ちゃぶ台を再利用した丸テーブル

昔の折りたたみ式のちゃぶ台（食事用座卓・径はちょうど半間・910mm）の脚を取り去り、新たにスギ角材の長い脚をつけてダイニングテーブルにする。天板の上部だけサンドペーパーで塗装をはがして素地を出し、オイルフィニッシュをかけた。スギ角材にハツリを入れて丸脚にするのがポイント。ビスだけでは不安定なのでL字金具を併用する。北欧調デザインのイス（丸脚）を3脚購入し、これに合わせてみた。

天板磨き

40番　最初は焦げ茶色でニス仕上げだった
ホルダーでやすりを挟む

100番〜180番　もうひとがんばり♪

240番　ハケで粉を払いながら磨く

サンドペーパーを順次 40→100→180→240 番と細かくしていく

脚づくり

▶裏の脚止めはドリルで穴を開けて切断する

◀脚止めを折って取り去ると可動部の脚は簡単に外れる

角材のハツリ

所要時間 約4分/本

YouTubeに本作業の動画あり
https://youtu.be/gbs5pac8mlc

幕板の裏側の隅に新しい長脚をビス打ち

45×60mmスギ角材を先端が直径40mmの円柱になるようテーパーをつけてハツる

断面図

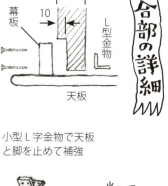
接合部の詳細
幕板　L型金物　天板　45　10

脚の基部は角のまま10mm厚の切り欠きを入れる
隅に寄せる
小型L字金物で天板と脚を止めて補強
下穴を開けて外側から3本のビスで締める

完成

オイルフィニッシュをかけて完成！
イス／ACTUS「クラウム ダイニングチェア」

削ってみたら…ナラのムク板だった

パーティクルボードにブロックを組み合わせたアイランドテーブル

かなり大きく頑丈なパーティクルボード（表面は木目調プリント）をいただいたので、それでアイランドテーブルをつくる。一辺は壁に固定し、もう一方はブロックを積んで壁（脚）にする。ブロックは重量があるのでちょうど大引の真上に来るように天板を切って揃えた。ここは石臼を挽いたり麺打ちをしたり過酷に使いたい場所。間に角材をロの字に組んだ脚を2つ入れ、しっかりと補強する。ブロックと中脚の垂直・天端の水平を、水準器で正確にとることが肝要。

- 35×45mm スギ角材
- 釘打ち
- 40×40mm スギ角材
- 34×45mm スギ角材（タテ長に使う）
- 床に位置をマーキングしておく
- 48×20mm ヒノキ（面取りする）
- 6mmの合板を敷いてブロックを積む
- コンクリート用接着剤で積む

骨組み（脚部）

- 下地のバラ板（75mm幅）を支持材にして柱をビス打ちする▼
- 30cm
- 壁の中のバラ板の位置にビス打ち
- 幅木分の欠き込みを入れ柱材を壁に密着させる▼

接合部の断面

木部
- 深めの座彫り
- 天板
- 重なりを避け、斜めビスを後から打つ
- 角材
- フローリング
- 釘打ち

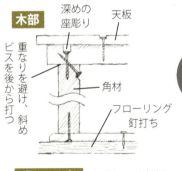

ブロック部
- 天板
- モルタル
- 小幅板
- ブロック
- 角材
- 合板6mm
- 木工用ボンドで接着
- フローリング

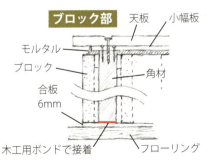

天板はビスの頭が隠れる程度の座掘りを入れ、長ビスを打つ。仕上げに接着剤で被服する

ブロック周り

水準器で垂直を見ながら積む

▶角材に当て木して両端のブロック穴に挿し固定

▶上端にモルタルを塗る

▶小幅板を角材に打ち、さらにモルタルをブロックのすき間に擦り付ける

完成

「バーカウンターにもなるよ！」

大引の真上にブロックを設置

「無印良品」のダストボックスが2個入る

4章　余り残りの木材から簡単家具をDIY

群馬時代に入手したスギ1枚板のテーブル（厚さ60mm）

もうひとつテーブルをつくる

6角の柱

中古で買ったSteelcaseリープチェア

床柱の余り

壁側の脚

深めの座彫りで芯に打つ

壁の中のバラ板の位置にビス打ち

幅木分を欠き込む

天板・ナラ集成材 25 × 590 × 1400mm

床柱の余り

ヒノキ丸太、直径約120mm

いずれも深めに座彫りを入れる

角材・長さ240mmを2本ビス打ち

その上に長さ400mmを3本ビス打ち

さらに長さ550mmを4本ビス打ち

天板を載せビス打ち

完成

床柱の余り材を利用した1本脚テーブル

　群馬時代の机、スギの大判1枚板は、脚を外して天板だけ持って来た。それは棟梁に頼んでコーナーに壁付けしてもらい、パソコンデスクになった（6角柱の1本脚をつけた）。その隣に絵を描く作業テーブルを追加する。天板をナラの集成材にし、ここも脚1本でつくってみた。神社仏閣建築で使われる斗栱のような受け構造にして、天板からの加重を集める。1本脚だとイスを回転したとき足がぶつからなくて具合がよい。材料はヒノキ丸太、和室床柱の端切れである。

既設のテーブルとの接点にも1本角材をあてがい、天板同士をビスで固定・連結する

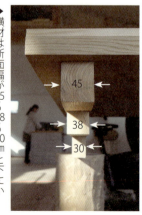

▶横材は断面幅が45〜38〜30mmと下にいくにつれ細くなる斗栱のような構造

ここに91ページと同じ形の収納棚が入る

裾に止め木を打ち付けた

床には固定していない

床板の端材利用のテーブル（トチノキ）

前章で書いたように床の間の床板はトチノキとスギを組み合わせた。そのどちらも割と大きな端切れがでたので、二つともサイドテーブルをつくった。

トチノキは耳付き（長方形に切り出すのでなく、樹皮がある側面をそのまま残した材）の板だ。端切れは平行四辺形で残った。それを長方形にカットすると面積を損するのでそのままの形を生かすことにした。

どちらも角材を横に渡して幕板とし、ビスで締め上げているが、これが天板の反り止めにもなる（その際、木目に直角方向に渡すこと）。とくにトチノキのほうは裏に洞による欠けがあるので補強となる。

前ページの角材へのビスの深打ちもそうだが、このような硬い広葉樹への取り付けは、トルクのあるインパクトドライバーでなければできない仕事である。

脚の切り欠き

脚はベイマツの垂木材。鉛筆でノコ入れの寸法を入れる

脚：42×58（45×60を鉋がけ）長さ380mm

ノミ線は「けびき」を使い3面をけがく。深さは10mm

のこ引き定規を使い、ノコで正確に切れ目を入れる

けがき線のやや上からノミを入れてハツる▼

仕上げ。ノミの裏を滑らせるように使って平らにする。この切り欠きの正確さが肝要

脚の取り付け

裏はL字金物で補強する

角は落としておく

幕板の側面に座彫りを入れてビスを2本で止める

幕板：40×50mm 長さ610mを反り止めに木目に直角に渡し、天板裏に取り付ける。ビスの数は6〜7本。先に脚止め用の座彫りを開けておく

ソファーのサイドテーブルで使うと意外に便利♪

幕板角材の左右に互い違いに脚を付けることで平行四辺形をそのまま活かす

脚裏にフェルトを貼って床を保護

洞（うろ）の腐朽跡

完成

トチノキは飛騨産
折りたたみ式ソファベッド
／タマリビング「ピータ アクティブ」

4章　余り残りの木材から簡単家具をDIY　89

床板の端材利用のテーブル（スギ）

スギのほうは薄い板なのでヒノキの小幅板を脚にしてわざと華奢（きゃしゃ）なつくりにした。

脚はヒノキの小幅板。鉋がけすると16〜17mmと薄いもの。幅は41〜48mmと微妙にいろいろ。長さは415mm（トチノキテーブルと天端を揃えた）

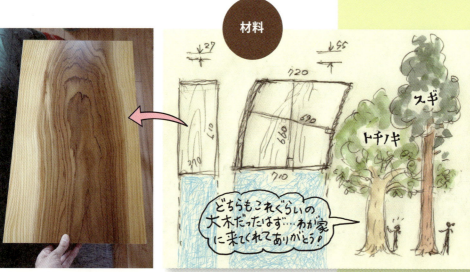

材料

どちらもこれぐらいの大木だったはず…わが家に来てくれてありがとう！

天板：スギ 27 × 370 × 610mm

脚の接合

ベイマツの垂木材（45 × 60mm）、脚幅分の切り欠きを左右互いちがいにつくる

脚を2本のビスで止める

脚の方向が風車になるように

2つパーツを天板にビス止め

隠し釘の頭はふつう金槌で叩き取るのだが、スギの場合はペンチでねじ切ったほうがきれいに仕上る

細部▼

完成

脚を90度ずつ回すことで揺れ強度が出、脚の木の幅が不揃いでも目立たない（むしろ味があって面白い）

◀スギの幅木材（6 × 50mm）を飾り幕板として隠し釘で止める

4 制作実践編・机棚と本棚

天板を載せればテーブルができる机棚

コの字形の収納棚を2台つくり、その上に天板を架けて机とする。側壁はスギの足場板と1階の床下地のスギ板端材を繋げてつくる。棚板はフローリングの端切れ。足場板はバルコニーの床に使った残りであるが、そのままでは厚み（35mm）がありすぎ、表面処理も粗いので、ヨキでハツリを入れる。

このような板材の組み合わせを成功させるには、パーツに厳密で正確な直角と寸法を与えることにつきる。それでも必ず誤差が出るので、そこは鉋や薄板などで微調整して、押っつけるのである。

パーツ展開図

◀スギ足場板 35 × 235 × 675mm の表面をヨキでハツる

A材をつくる

2枚を接着材で1枚に。接合部はダボ栓で補強

▶AB材の接合部詳細

左から下穴開けドリルビット、同じく座彫り用、スリムビス

A材側からB材にスリムビスを打つ

完成

天板は夕モ集成材にオイルフィニッシュ（ビスは打たない）

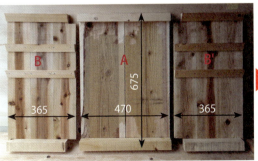

完成した壁の3パーツ（寸法 mm）

棚板を打って箱の形をつくっていく

フローリング材と足場板を使った本棚

　本は引っ越しのたびに処分し、重要なものだけ厳選し所有してきた。その蔵書をうまく配置でき、空間に見合ったデザインができれば、本棚は実用的かつ重要なインテリアとなる。が、本棚を素人がつくるのは、簡単なようで実は非常に難しい。本棚づくりのDIYサイトでは、組みの精度を高めるために板の切断をプロ建具屋さんに任せる、という方法を推奨しているほどである。私の場合は余り物のフローリング材と足場板でつくりたいので自分で切ることにする。

　まず丸ノコ用のガイドを自作する。2枚の合板を組み合わせてネジ止めし、上の板に沿わせて丸ノコで下の板を切ると直線切りのガイドができる。

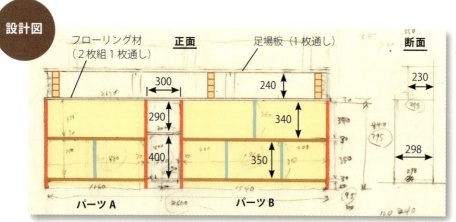

設計図

構造：AとBのパーツを組んでおき300mm 棚板で連結。天板はフローリング材（2枚接ぎ1枚通し）をビス打ち。その上に角材を積み上げた仕切り壁を立て、足場板（1枚通し）をビス打ち

レイアウト：図鑑や美術本が納まる高さ350・340mmと単行本類の240mmの3段にし、文庫本はその上に載せる。どうしても納まらない大型本400mmのコーナーを間につくる

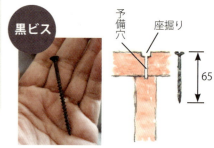

黒ビス

ビス長さは65mm。上板には座掘りと予備穴を開け、下板に深く打ち込む。黒ビスの頭は装飾になる

側板

足場板をハツリ、ダボ栓で2枚接ぎした側板（上図・赤部材）

サブロク合板を切ってつくれる簡単な作業台

下屋の工房で本棚製作中の著者。ノコギリの粉が舞うのでマスクとタオルで防備

底板

パーツBの底板。30mm厚のフローリング材の2枚接ぎ。本棚にしたときの奥側は短い材をつないでいる（下に角材を敷き、そこにビス止めしながら）

つなぎ箇所の下に角材

はかまの部分を15＋6mm分引っ込める

仕切り

上下の角材をビスで軽く繋いでおくとよい

厚板3枚を接着材で接ぎ、仕切り板をつくる。上下を4本の角材で挟んでロープで締めれば端金の代用になり、ダボ栓なしで圧着できる。接着に一晩おくこと

基本的には切った材料をインパクトドライバーでビス止めするだけ。切り欠きなどはつくらない。ビス長さは65mm。上板には座掘りと予備穴を開け、下板に深く打ち込んで止めてしまう。これはプロ仕様のインパクトドライバーだからこそできる世界だ（スギ材でも節に当たれば広葉樹の硬い木と同じ）。

　仕切り縦板は幅105mmの厚板の端切れがたくさんあったので、それを3枚接着してつくる。これはダボなしで接着し、後で寸法に切る。端金（はたがね）という長いクランプで締めるといいのだが、板を角材で挟んで、ひもを角材でねじって締め上げれば代用できる。

　パーツをつくって現場で組み上げる。はかまの部分に幅木の残り物を隠し釘で取り付けると、掃除もしやすく、空間の統一感がとれて美しい。

組み立て

パーツA・Bの間に長さ300mmの底板と仕切り板をビス打ちして一体化する

水準器で確かめながら鉋・ノミで微調整し、下から積み上げていく

はかまは幅木材を隠し釘で付ける

最上段の縦壁は角材を4本積んだもの

仕切り板は接着剤をつけ、上下から3本ずつのビス打ち

オイルフィニッシュ

食用ナッツとして売られているクルミを厚布に包んで砕き、木に当てて強く押し付けるとオイルフィニッシュができる

完成

ピクチャーウィンドウで緑が見える

このモケイけっこう重要

楽器スペース

ここにスキマ（コンセントあり）

窓や囲炉裏暖炉との関係性から高さを抑え、窓のセンターに大型本のくぎりを置く

4章　余り残りの木材から簡単家具をDIY　93

5 制作実践編・イス2題

キッチン用の「スツール」をつくる

私は料理好き。ビールを飲みながらタマネギを炒めるときなどキッチン用のスツールがあるといいな……と思っていた。しかし脚に角度をつけてほぞ組でつくるのは難しそうだ。そこで角材3本でつくってみた。

背板は断面105×45mmスギで、間柱や筋交いに使われる材だ。1階の階高を25cm下げたため、やや長い端切れが多数残ったのである。これがDIYに大活躍する素材なのであった。

間柱や筋交いに使われる105×45mmスギ材

寸法をまちがえて木片で修正している

黒ビス（51mm）で装飾的に頭を見せる

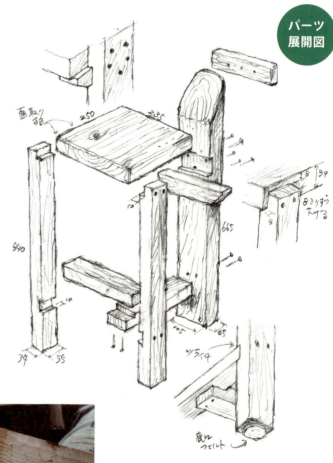

パーツ展開図

完成

足場板もハツればこのような表情に

ハツリを深く入れて斜めにする

背中の横板はイスの持ち手として便利

背板以外の脚のパーツはすべて34×55mmのスギ（前ページ本棚制作のときの足場板の端切れ材）。切り欠きは深さ10mm

「ピカソのイス」をつくる

ずっと昔、旅先で貰った子供用イス。それをつくった友人が画家ピカソのファンということもあるのだが、その可愛らしくも独特のフォルムがキュビズム時代の名作「3人の音楽家」を想起させ、私はひそかに「ピカソのイス」と呼んでいる。友人のそれは焦げ茶色に着色されている。私は同じサイズでスギの白木でつくってみた。脚3本は105×45mm材である。

インテリアとして美しいだけでなく、実用性も高く、座ってくつろぎたい囲炉裏暖炉の部屋にマッチする。火鉢用のサイドテーブルや飾り台としても使える。

座板には死節があったが、穴を開けてそのまま利用。ハツリのテクスチャーの中では逆にアクセントになって面白い

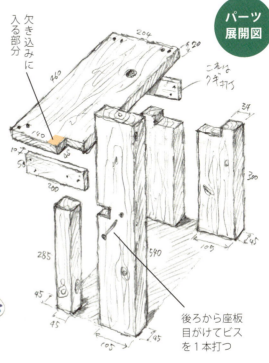

パーツ展開図

2つ組み合わせるとさらに様々な使い方ができる

完成

裏側から10mm厚50×200mmの板を補強に釘打ちする

横に座ると肘かけになる

4章　余り残りの木材から簡単家具をDIY

6 制作実践編・梯子と踏台

ロフト用のムカデ梯子をつくる

　入居前に冷蔵庫が配送されてきたのだが、階段の踊り場が狭くて上げられないと、運送屋が帰ってしまった。そこで自分たちで動滑車で上げることにしたのだが、そのためには支点の角材を2階の梁に掛けねばならず、梯子がいる。有り合わせの材料で思いついたのがコレ。間柱材に角材をビス打ちした簡単な1本梯子で、林業で枝打ちに「ムカデ梯子」という名で使われている。案外具合がいいので、改良を加えて（切り欠きをつくって横棒をはめ直し、面取りをして足が痛くないようにした）、いまでもロフトへの上り下りに使っている。棒を使って出し入れ収納できる。

　スギのフローリングは傷付きやすいので、使う前に底には座布団のような厚い布を当てたほうがよい。途中まで上ったら先端をひもで柱に結わえると安心。

完成

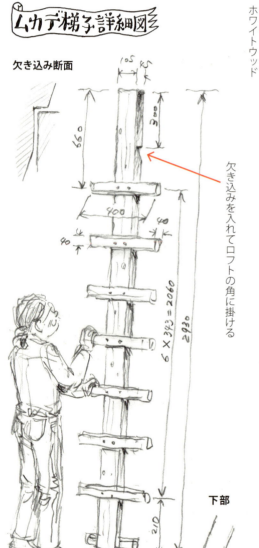
ムカデ梯子詳細図
欠き込み断面
欠き込みを入れてロフトの角に掛ける
下部

ホワイトウッド / スギ間柱材

切り欠きを入れてから踏みざん（横棒）を入れるとブレなくて安心。ビス2本で止める

足が痛いので接合部以外は面取りする（縦木もやったほうがよい）

一番下の横木は裏から打つ。収納の見栄えを考慮して小さめに

棒で持ち上げながら押し引きして出し入れできる

下屋の踏台

　下屋は、三和土なので母屋との段差が40cmある。踏台がほしい。踏台にはある程度の大きさと重さが必要で、しっかりしたつくりでも自重が軽いと隅に乗ったときコケてしまって危ない。とはいえ、ここに青石の沓脱石を置くわけにもいくまい。

　重量という観点からどうしても木でつくる発想が湧いてこない。あるとき先に書いた105×45mmのスギを思い出した。短い端切れがまだたくさん残っていたはず。これをラジエターのように重ねればウェイトが出る。同素材2枚を縦に敷いて、そこに載せれば高さも210mmとピタリ。深いビス打ちにはかなりのトルクが必要だが、インパクトドライバーが大活躍して、贅沢な踏台ができた。スリットがあるので靴底の泥土が落ち、掃除もしやすく優れものなのである。

スギ間柱材105×45×600の両側に、小幅板30×16×44を釘打ちする

座掘り穴をセンターからずらす

上に同じ材を重ねてビスを下の材に届くように打つ

同じ作業を繰り返す。1枚ごとにセンターの左右にビスを打ち分けてビス同士がかち合わないように

途中で面の揃いをチェック

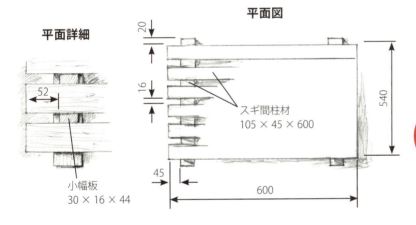

平面詳細　小幅板 30×16×44

平面図　スギ間柱材 105×45×600

▲下穴はドリルビットを垂直に入れることが重要。角材の角をガイドにするとよい

ドライバービットを長めに変えて、長ビスを4カ所に深く打ち込む▶

ビス断面図

座掘り穴は深さを十分とる

完成

4章　余り残りの木材から簡単家具をDIY

7 トイレのペーパーホルダー

埋木錐（うめきぎり）でつくる木栓を使って

　トイレにはトチノキの台に砥部焼の手水鉢、それにモダンな水栓を付けた。これに手ぬぐいをぶら下げるのはあまりに無粋と、Ｙの提案で小タオルをカゴ置きすることにした。

　さてペーパーホルダーはどうするか？　ここは市販品も、特注アイアンも合いそうにない。山暮らしのとき木で自作したことがあるが、考えてみれば最近のトイレットペーパーはミシン目がついていてちぎりやすいのだし、ウォシュレットだから紙の使用量も少ない。「紙を切る」という機能は外してもいいのでは？

　それなら簡単だ。円柱を片持ちにして取り付け、そこに栓をつければいいのだ。棟梁が使っていた道具に埋木錐というものがある。インパクトドライバーの先に付けて木栓をくり抜くことができる。同じ材料でビスの頭を隠すと目立たないというわけだ。

　材木屋で薪用に貰っておいたブラックウォールナット（黒クルミ）の端切れから木栓をつくり、それを丸く削り出したホワイトウッドに合わせてみた。縦軸にベイマツの赤、台座にスギ赤身の焦げ茶。それらをトチノキのクリーム色の台座にビスで取り付ける。小さい中に色彩と木目の階調が奏でられ、トイレに入るたび、楽しくなるのだった。

埋木錐（**写真左**）と削り出された木栓（**右**）

それぞれの木の色彩と木目の階調が美しい

8 板と和紙でつくる照明器具

白壁に似合う間接照明兼ブックライト

「現し天井」は配線を隠すことができず、照明の選択が難しい。よく見るのは梁下にレールを置くスポット照明や、梁の側面に裸電球を横付けする方法だ。寝室は設計では前者にしておいたのだが、実際に工事が進んでくると空間に合わないことがわかってきた。そこで工事の職人さんに壁の上にコンセントだけ付けてもらい、後で考えることにした。

無難にいくなら和紙のぼんぼり照明――配線は梁すれすれにループで垂らしながら繋いでいけばよい――だが、考えてみればこの部屋は漆喰で全体が白いのだから、壁付けの間接照明で壁自体を発光させるのが利に適っているし美しい。

材料は木の板と和紙でつくる。電線はまっすぐ下ろすとアッパーライトの効果を殺ぐので、横に避けてきれいな曲線で垂れるよう取り付ける。

点けてみるとブックライトとしても上できで、私たちが漆喰塗りしたコテ跡のテクスチャーが目立って思わぬ効果が現われた。

照明器具は買えば高いが、自分でつくれば実に安いものである。

正面

底面

スイッチ付きソケットのひもが引けるように工夫し、板にセット

側板は片持ちなので欠き込みを入れビス止め

フローリング材のさね（接合用の凸部）を利用して和紙を貼る

バラ板の位置にビスで止める

ひもの先端にストラップを付ける

完成

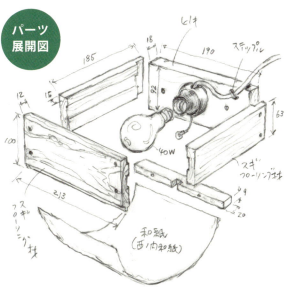
パーツ展開図

寝室は壁を200mm下げて回り縁をつけた

4章　余り残りの木材から簡単家具をDIY　99

丸太のほぞの刻み方

今回の家づくりでは、山から持ち込んだヒノキ丸太を4本使った。そのうち1本は床柱なので刻みは必要なかったが、3本は私が自らほぞを刻んだ。丸太は不定形で、プレカットでは扱えないので、手刻みするしかないのである。以下、その刻みの手順を図・写真とともに紹介する。

1）割れや節を見て方向を決める

丸太は皮をむき乾燥させてから使う。乾燥の過程で丸太には必ず割れが入る。山から3.1mに切って運んできた丸太だが、実際に使う長さは2.5m前後である。その柱を据える部屋の中で、どのように見えてくるか？　太さはどうか？　割れや節の位置をみて、どの位置で採寸し、どの方向に回して使うかを決める。一番目立たない方向に割れを持っていくのが基本（**図1**）

2）図面と柱の寸法・ほぞの形状の確認

平面図で丸太を納める位置を確認し、プレカット工場からそれぞれの柱の必要な全長と胴付長（ほぞを除いた分の実質柱長）、ほぞの形状・寸法を教えてもらう。差し込むほぞ穴のほうは、土台や梁桁にプレカット工場で穴を開けるので、そのサイズに合わせるわけである

3）全長をカット

JIS1級の巻き尺を使って胴付長さを正確に計る。そこからほぞの長さをとって全長をチェーンソーで切り出す。丸太を正確に直角に切るには工夫が必要。紙を丸めて正確な輪をトレースするとよい（**右写真**）

4）下げ振りで断面に垂直を出す

木を寝かせて動かないように固定し、下げ振り（細い糸に小石をしばったものでもよい）で丸太両側の断面の中央に垂直線を転写する（**図3**の赤丸の部分に印をつけ、後で直線を引く）。次に中心線を2分割して芯を出し、水平線を引く。丸太は正確な真円ではないので、正確な2分割というよりも、全体のボリュームから重心を選ぶ感じにする。また、年輪の芯は円の中心からズレている場合が多いので、惑わされないように

5）ほぞの寸法線を引く

芯の十字の中央にほぞの寸法断面を書き入れる。その線を外側まで伸ばし、さらに胴付長の線まで垂直に伸ばして線を引いておく。これがノコを引くときの目安となる

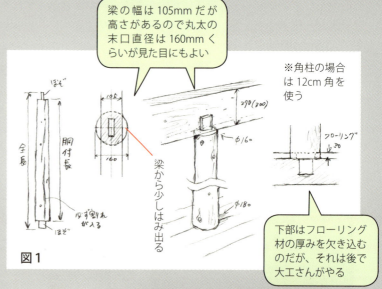

図1

梁の幅は105mmだが高さがあるので丸太の末口直径は160mmくらいが見た目にもよい

※角柱の場合は12cm角を使う

梁から少しはみ出る

下部はフローリング材の厚みを欠き込むのだが、それは後で大工さんがやる

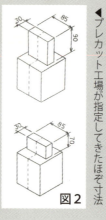

図2　プレカット工場が指定してきたほぞ寸法

紙を丸太に回して末端の辺を揃え、輪をシャーペンでトレースする

木を動かさずこちら側にも同じく印をつける

図3

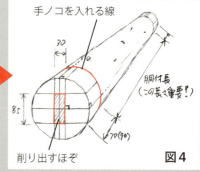

手ノコを入れる線

胴付長（この長さ重要！）

削り出すほぞ

図4

6) ノコとノミで刻む

ノコ入れ開始

紙を丸めてトレースした線に正確にノコを切り込んでいく

どこまでノコを入れるか、目立つ丸印を書いておくとよい

ノコ目を入れたらノミで欠いていくが、節が出てきた

節の手前でもう一回ノコ目を入れる

そのノコ目までハツっていく

島のように残した節まわりを縦引きノコで挽いていく

続いて裏面も同じ作業を繰り返す

次に断面に描いた85mmの線を差し金でホゾ面に写し取る

両面に描いたら、その線のぎりぎりまでノコを入れる

ハツってからノミで正確に線ぎりぎりまで削っていく

削れたら断面に描いた30mmの線を差し金でホゾ面に写し取る

その線を基準に、ノミで正確に線ぎりぎりまで削っていく

完成
小刀で面取りして完成

刻まれて準備が整った4本の丸太。この後、プレカットの梁が届いた時点で穴の大きさを確認し、微調整して上棟に臨む

◀ほぞ挿しの方向と上下を記しておく

「金物が埋まるように削る」
下屋はコンクリート基礎に打たれた金物に緊結

スギの足場板活用法

　家の建設期間中は高松市内の大型ホームセンターをよく見て回った。スギの足場板が豊富に出ていた。足場板というのは、建設現場で仮設の踏み板に使うものだ。最近ではその安さから、店舗の床など内装にも使われ始めている。そのホームセンターでの値段は、厚さ35mm 幅240mm 長さ3mのスギ板が1枚およそ1,500円と激安。1mあたりおよそ500円である（ネットでは800円くらいが相場）。

　たとえばダイコン1本の断面を直径6cm、長さを30cmとして体積を計算すると1本0.00085㎥。このスギ足場板は1mで0.0084㎥なので、およそダイコン10本分の体積なのだが、ダイコンを1本100円として換算すると、何と体積単価はスギのほうが安い（！）ということになってしまう。四国はスギが豊富にあり……とはいえ、いくらなんでもこれで山元に利益が出るわけがない（補助金を投入しているから成り立っている）。

　幅240mmのスギ板を採るには、直径30cmは必要で、そこまで育つには年輪幅3mmで50年かかる（丸太から35mm厚の足場板4枚は採れるだろう）。太い木なら梁桁に製材加工して末永く家を支える材として使われてほしいと思うが、実はこのサイズの丸太は「中目材」といい、これまで日本の建築用製材品出荷量の四割以上が柱材という現状の中で、適寸よりも大きいのであまり利用価値がないとされていたのである。

　中目材を梁桁など構造材にするには乾燥と製品化に大型の設備が必要で、そもそもスギ横架材のニーズがまだ少なく、乾燥・流通ルートがない地域では、せめて足場板にして販売──ということなのだろうけれど、それにしても……。

　しかし安いなら使わない手はない。足場板は両端に割れ防止の金具が打たれているが、それさえ外してしまえば立派な素材となる。わが家ではバルコニーの床材にこれを切って使い、その余り材をDIYで活用した。

　さて、ここまでスギのすばらしさとその活用法を紹介してきたが、それらが植えられた山は今どうなっているのか？　これからどうしていけばいいのか？　次章・最終章でそれを見ていきたい。

足場板でバルコニー床

ここに割れ・反り止めの金具が打ってあるが深さ5cm程度

バルコニーの床は足場板を並べることを想定して枠を設計した。何も塗らない。腐ったら取り替えて薪にすればよい

側面に木片を打ち、雨が落ちるすき間をつくる▼

下からの眺め

5章

熊野の森で、崩壊するスギ・ヒノキ林

人工林を放置するとどうなるか？　急げ「手入れ」

1 熊野の玄関口と間伐技術

もっとも重要な技術「間伐」

　私はもともと林業の専門家ではなく、森林の専門分野で学んだ経験もない。自分で山を歩き、人工林に関しては森林ボランティア活動がきっかけとなり、実践の中から林業を学び始めた。その後、全国の場所を訪ねて現場を見、関係者の話を聴いて、林業への理解を深めていった。

　やがて鋸谷茂さんという重要な先達に出会い、本づくりのお手伝いをするようになり、林業の技術書『鋸谷式　新・間伐マニュアル』（全林協2002）が最初の著作となった。

　昨今、豪雨被害が日本列島で多発しており、24時間で500～600mmも降ることがある。これはヨーロッパ諸国の年間総雨量に匹敵する量である。これだけの豪雨に山が耐えられるのは木が生えて土を守っているからだ。

　しかしスギ・ヒノキ人工林の場合は、間伐の手入れを怠ると林床に光が入らなくなり他の植物が生きられなくなる。しかも浅い根が密集して土をつかむ力が弱くなる。豪雨のたびに表土が流れ、山自体が痩せていき、やがて根ごと滑って崩壊するのである。

　これを防ぐには「間伐」という木の間引き作業を行ない、互いの間隔を空けて光を入れてやるしかない。これで林床に草木を呼び戻すのである。もっとも間伐を怠れば植えた木の生長が鈍る。木が密集し過ぎると光合成をするための葉の面積が確保できないからだ。

　結論から言えば、日本の人工林再生の鍵を握るのは間伐技術であり、さらに言えば間伐の「質」なのである。

熊野の森の玄関口で

　この章では、私の熊野の森の取材・調査（2013～2014年）を通じて、住宅木材の最大の供給源であるスギ・ヒノキ人工林の実情を見ていこう。

　四国高松から熊野へは、徳島からフェリーで行くか陸路で大阪回りで行くか毎度迷うが、陸路だと高速を乗り継いで南紀田辺までおよそ300kmの距離だ。高松市内を出るとき早朝のうどんを食べ、途中どこかのパーキングでトイレ休憩を入れて、昼には熊野に到着できる。

　田辺で高速を下りて、熊野の本宮大社に向かう主要ルートは国道311号になるわけだが、最初に富田川の左岸に人工林に覆われた山が目に付き始め、いよいよ山に差し掛かるというところで正面に、びっしりとヒノキに覆われた、それは見事な間伐遅れの人工林の山が近付いてくる（下写真）。

　この山は私が初めて熊野を訪れた2003年のときも、目立って印象的だったので撮影した記憶があるが、当時とまったく同じ姿のままで、ある意味感動してしまう（この道沿いには森林組合の事務所がある）。

　いずれ崩れるだろうと思っていたら、やはり2011年の紀伊半島豪雨のとき崩れたらしく、右下の真新しいコンクリート処理はその補修跡だそうである。

枯死・風倒の少ない熊野の気候風土

　ふつうなら間伐遅れの山を10年も放っておけば、枯死が始まり、台風や大雪で木が部分的に折れて穴が

開き、いわゆる自然の間伐が入って、ところどころに自然発生した広葉樹が顔を出すのだが、ここではまったくその気配がない。

その理由の一つは樹種がヒノキが多いこと。スギと違ってヒノキは折れにくい。また乾燥にも比較的強いので、雨の多い多湿の熊野では自然枯死が起きにくいのだ。また、内陸部ゆえ台風の影響が少なく大雪も降らず、荒天で木が折れることが少ない。つまり二つ目は熊野という自然環境の特性ゆえである。

林床は真っ暗で下層植生は皆無。おそらく1回くらいは間伐を入れたかもしれないが、ふつうの弱い間伐（間引く本数が少ない）ではほとんど効果がない。ヒノキは横に枝を張るのですぐに上部の葉が密閉してしまうからだ。おまけに熊野は植栽本数が多く、本州の平均の2倍近く植えている。すなわち三つ目は植栽本数の多さと間伐の弱さである。

緑に覆われてはいるが、環境的にはひどく荒廃している山といえる。実際に山裾から崩れ始めているわけで、尾根筋まで人工林化しているので大崩壊する可能性だって考えられる。大まかな地質としては2011年に大崩壊した滝尻と同じである。下には人家もある。このまま放置していいわけがない。しかし、このような山林は、熊野には驚くほど大量に存在する。

熊野霊場への起点「滝尻」が大崩壊

富田川に沿って国道311号を遡り、牛馬童子像をのせた観光用の塔を見送ると、いよいよ熊野に来たなという感じがする。この少し先に観光施設「熊野古道館」があり「滝尻王子社」がある。王子というのは皇族・貴人の熊野詣でに際してつくられた一群の神社のことをいい、中でも滝尻王子は熊野権現の神域への境界とされる重要な社だ。本宮への参詣道へ分け入る霊場への起点なのである。

紀伊半島全図
国土地理院の電子地形図（タイル）を元に加工

赤丸：主な取材・調査地点（和歌山・奈良両県に渡る）
1. 滝尻崩壊地（人工林密度調査）
2. 百間山・熊野地区崩壊地
3. 串本町里川（限界成立本数調査）
4. 熊野古道崩壊地（三越峠～発心門王子）
5. 那智の滝上流部
6. 十津川沿いの崩壊地（宇井・赤谷・長殿、他）
7. 天川村の崩壊地

実際ここに来てみればその意味も感じられるが、2011年の紀伊半島豪雨では、すぐ近くの山が大崩壊してしまったのだ（**地図①・写真次ページ**）。私は崩壊した山林を調査し、ブログで結果を報告しているが、崩壊の最上部はヒノキ、下はスギが多く、いずれも典型的な〈超〉間伐遅れの山である。超と付けたのは、もともと植栽本数が多いうえに間伐の回数が少なく、現在は本州平均の植栽本数に近い密度で立っているからである。つまり、本州平均において植えてから一度も間伐していない山と同程度の本数密度なのである。現在その崩壊跡は工事によって**107ページの写真**のようになっている。ちなみに復旧の事業費はここ一カ所だけで約33億2千万円だそうである（『紀伊新報』2012.5.30）。

5章　熊野の森で、崩壊するスギ・ヒノキ林

和歌山県田辺市中辺路の滝尻崩壊地。上部に一面のヒノキ林。崩壊から2年後の5月、この森林を調査してその過密さに驚かされた

滝尻の崩壊下側では富田川が土砂でせき止められ、橋まで水位が上がった（2011.9.10 撮影：柳川ゆたか）

2011紀伊半島豪雨の崩壊から3年2ヶ月目の滝尻崩壊地。透過型の砂防堰堤がつくられていた（2014.11.5）

前ページ赤丸地点のヒノキ林内部。雨で表土は流され根が露出。林床に他の植物ほとんど見られない

5章　熊野の森で、崩壊するスギ・ヒノキ林

2 限界成立本数と那智の滝

間伐と年輪

間伐が遅れた過密な森の木々は、生きた枝が少なくなって生長が減衰する。もし間伐した木の切り株があって調べることができるなら、そのメカニズムがよくわかるだろう。

たとえば前ページの滝尻地区のスギ荒廃林で見付けた切り株は、年輪を数えてみると50年生であったが直径は21cmしかない。一番外側の近年の生長率は非常に悪く、わずか1cmの幅に15本もの年輪が刻まれていた（**下写真**）。つまり現在までの15年間に直径で2cmしか太っていないことになる。これが間伐遅れの木の特徴である。

しかし、住宅産業においては、密な年輪の木を良材としてもてはやすのもまた事実なのであり、密植・枝打ち・弱い間伐をしながら、製材無駄の少ない良材をできるだけ多く山から収奪する――というのが、近代林業の常態でもあった。

ところが、日本のような気候風土でこれをやろうとすれば、こまめな管理が必要で、放置すれば下層植生が貧相になり、山そのものを破壊しかねないのである。

古座川の森の「限界成立本数」

那智の滝方面へ調査へ向かう途中「稲積島」や「江須崎」の天然林を見、そのあと古座川近くで山に入って密度調査してみた。串本町里川の標高100mくらいの山林で、**105ページ地図③**の辺りである。

山の外観は青々としているけれど、中に入れば超過密なスギ人工林だ。林内に他の雑木はほとんどなく、道際にわずかにシダなどが生えている（**下写真**）。

梢を仰げば木々の相互の枝葉が触れ合ってぎゅうぎゅう詰めで、枯死した木や根倒れした木も見られる。このような飽和状態に達した森の木を、胸の高さで全部伐り、その断面積を合計すると、どんな種類の森でも1ha当たり80m²程度になり、100m²を超えることは滅多にない。これ以上にはなれず必ず枯死する木が出てきて一定量を保つ。だから、間伐して本数を減らさないと、木が太れないわけである。これを「限界成立本数」というのだが、ここ古座川のスギ林で計測してみたところ、なんと120を超えている。鋸谷さんから聞かされていた生長過密な異例の森、高知の魚梁瀬スギ天然林よりも高いのだ。

これは雨の多さと、黒潮による気温と湿度の高さが影響しているのだろうが、根の浅い植林スギの大木だ

限界成立本数の高い古座川のスギ林▼

◀間伐遅れの木の特徴。外側は1cmの中に15本もの年輪が刻まれている（模式図**128ページ**も参照）

けを、これだけ密集させているということは、崩壊の危険を大きくはらんでいるということだ。

金山集落の崩壊跡地

那智勝浦は穏やかに晴れていた。多くの家々が水に浸かった那智の滝の下流の集落。川の氾濫と土石流の発生で死者28人、行方不明1人という痛ましい被害は今も記憶に新しい。

那智の滝に10年前の初めての旅の震えるような感動はもはやない。この上流に広大な人工林地があることを知っているからだ。

支流の山の上にある金山集落の崩壊地へ向かった。この土石流は下流の西山集落を飲み込み、金山谷川を流れ下って那智川に達した。せき止められた那智川による洪水が、井関の集落を襲った。

棚田を持ち、海が望める雲上の山岳集落。魂をわしづかみにされるようなすばらしい集落であったが、今は誰もいない。今回の災害を期に全民離村するという。

滝の上のスギ・ヒノキ植林地

途中の道々に荒廃林がそのままに土木工事が進められている。那智の滝の水源林を見渡せる場所に行ってみる（105ページ地図 ⑤）。いたるところスギとヒノキの人工林だらけで、崩れているところが多数ある。

ここは堆積岩と火成岩が接しており、那智の滝の源流はすべて火成岩（花崗斑岩）である。つまり、硬いから崩れずに残っている所が滝になっている。大きく崩れた「深層崩壊」と表現された所とは趣きが違う。みな表層崩壊である。

だが、その破壊力は凄まじい。崩れ始めは小規模でも、下で折り重なった木々が一時的な堰をつくり、そこに溜め込まれた泥水が一気に崩壊することで、土石流が牙となって下流域を襲うからである。台風12号当時、那智川の本流筋でその土石流は那智の大滝を越え、133m下の滝壺に落下し、那智四十八滝の一つ「文覚の滝」や、大正時代につくられた堰堤などを跡形もなく破壊したのである。

那智勝浦町金山集落の崩壊地。崩壊の始点はスギ・ヒノキの混植地

「なにしろ、紀伊半島というのは大変な多雨地帯です。山そのものが雨に対応できるだけの、ほんとは山そのものの生態にそれだけの能力があったわけです。ただ、植林によってそれを完全に潰してしまって、やがてこれが、今言ったように何十年か先は山の崩壊という事態を招くことになるだろうと思っています。そのときまでに、我々はいったいどうするんな。大変な問題ですよね」（後藤伸講演録『明日なき森』編集：熊野の森ネットワークいちいがしの会／監修：吉田元重・玉井済夫／新評論2008）。

10年以上も前に後藤伸さんが予言[*30]したことが、現実になってしまったのである。

原生林はわずかに残るだけ
明治期からの濫伐で山林荒廃

ところどころで樹高や密度を計ってみた。古座川のスギ林ほどではないにしろ、荒廃度はかなりのものである。それにしても……。

このような荒廃人工林と痛ましい崩壊地が那智の滝の水源にあるとは、誰も思うまい。那智の滝のすぐ横に「那智原始林」という国指定の天然記念物があり、一帯はユネスコ世界遺産の一部なのであるから。

実はその原始林の一部も崩れているのだが「そんな

場所でさえ崩れているのだからスギ・ヒノキ人工林が原因ではない」という人がいるそうだ。しかし、それは違う。この原始林でさえ実は戦前から手が入っており、終戦直後の米軍が撮った航空写真では禿げた部分がかなりあったという（現在でも谷沿いに上流部までスギが植えられている場所がある）。1911年（明治44年）南方熊楠は那智山について、

▲初めての熊野旅で撮影した那智の滝（2003.11.8）

「霊山の滝水を蓄うるための山林は、永く伐り尽くされ、滝は涸れ、山は崩れ、ついに禿げ山となり、地のものが地に住めぬこととなるに候」（神社合祀に反対して植物学者村松任三に訴える『南方二書』）

と書いている。すでに明治期に山林荒廃の引き金が引かれていたのだ。この上流部の広大な人工林は、明治期の富国強兵政策から社寺林を国有化したことに始まり、下げ戻し訴訟で村と神社が所有権ですったもんだし、村も神社も裁判費用捻出のために乱伐、かくして熊楠の激怒文となったらしい。

拡大造林で人工林率85パーセント、変わらぬ林業政策

さらに追い打ちをかけたのは戦後の拡大造林である。1972年（昭和47年）から78年にかけて水源域に林道が張り巡らされ、自然林が皆伐されて広大なスギ・ヒノキ人工林がつくられた。

こうして今現在、那智川源流域の人工林率はなんと85％にもなっている。その面積約500haの内訳だが、国有林が広葉樹二次林を70ha所有し、その他の大部分の人工林は民間の造林会社が220ha、そして別の民間会社から寄贈を受けた「明治神宮」が社寺林として200haを所有している（他に那智大社が10ha所有）。今のところ所有者には、この災害を期に環境林へ改変するという考えは見られないようである。

県もおよび腰である。「山林所有者は多くの投資をしている。いきなり自然林に戻せということは生業を奪うこと」「これまで林業が山村の基盤になってきたのだから、林業を否定することはできない」と、県の森林林業局長は、新宮市のミニコミ紙のインタビューで答えている（『くまの文化通信』2012年3月発行第12号）。

紙面は崩壊現場を視察したうえで「那智山再生策」を語る一コマだが、そのタイトルは「まず間伐、息長く取り組もう」とある。「尾根から三分は自然林に戻してもらう……」と言ってはくれているが、人工林に関しては従来の弱い間伐を今後も続けるということなのだろうか。これでは山は変わりようがない。

水害でダメになった新建材の家と建具を変えて蘇る在来工法の家

沢を挟んで国有林の広葉樹二次林と荒廃人工林が対峙している場所を下っていった。両者の林床の状態は際立って違っていた。荒廃人工林は表土が流れ、石が浮き、苔が乾燥しているところもある。一方、広葉樹二次林地は表土が厚くフワフワ。しっとりとして苔が生き生きしている。

ところで、熊野川で水をかぶった（天井近くまで水に浸かった）家々のことだが、合板と新建材の新しい家は、木が膨らんですべて使い物にならなかったが、在来工法の家は建具を替えるだけで再生したという。

これは今回、現地を案内して下さったOさん（那智勝浦町在住）が、実際に建具の建て替えに携わった職人さんから聞いた話だ。

「長持ちする伝統的な木造を建ててきた腕のよい職人に仕事がなく、技術が途切れようとしています。紀州は『木のくに』で昔からいい材木を出してきたのに需要がなくヒノキの値段が今ではスギより安いのです。腕のよい職人はまだ残っているのですからセンスのある設計士と組んで仕事をすればよいだけだと思っています」と、後にOさんからメールをいただいた。

那智の滝の源流部、奥の沢の崩壊跡。周囲は間伐遅れのスギ林に覆われている

那智高原公園からの展望。源流部にスギ・ヒノキ林が多いのに驚くばかりである

世界遺産の滝の周囲にこのような荒廃林とコンクリート堰堤が存在するのを誰が想像しうるだろうか

3 熊野古道とシカの食害

古道の中の廃屋と石垣

　熊野古道の崩壊地を案内してもらった。Kさんは、熊野古道が世界遺産になるずっと前からこれらの道を縦横に歩かれている大ベテランである。

　場所は三越峠の先にあり、中辺路ルートの湯川王子と発心門王子の間で（105ページ地図④）、当時崩壊の様子は新聞記事にもなった。道は下草の少ない密なスギ林（それでも最近伐り捨て間伐を施した跡がたくさんある）が続く。サワガニやカエルに出会いながら進んでいくと林内に石垣が見え、廃屋が現われてちょっと驚いた。

　山村の石垣の上にスギが植えられているのは全国的に珍しくない。過疎になり家を引っ越して町に下りるとき、田畑にスギを植えていくのである。ここは棚田の跡にスギが植えられたものであろう。

　Kさんによれば、熊野古道沿いの廃屋は少なくないという。つまり熊野古道は昔は生活道路でもあったわけで、道沿いに家々があったのだが、車道ができてしまうと歩くだけの道の生活が立ち行かなくなり、より便利な場所に離村していった。

崩壊地とシカ

　廃屋の森を抜けると崩壊地だった。

　当時の新聞記事の写真のまま、まだ工事が手付かずだった。もろい砂のような土質の上に、貧弱で浅い人工林の根が観察できる。崩壊地を横断する歩道の両側には杭とロープが張られていた。

　谷側は折れて流されたスギが折り重なっている。対岸には皆伐跡地にシカの食害が入って一部裸地化したり、表層崩壊を起こしているのが見える。私たちが密度調査をしているとシカの鳴き声が聞こえ、その動く姿を発見した。向こうからも私たちの姿がよく見えたに違いない。

　この崩壊林内のスギの平均胸高直径は25cm、1ha当たりの胸高断面積合計は98m²で、予想の通り荒廃きわまった人工林である。

　その崩壊地の先に道を進んでみると突き出た尾根の部分は地質が硬い岩で（といっても節理がボロボロと崩れるような種類のものだが）、その上にはシイなどの広葉樹に混じって実生のヒノキがけっこう大きく育っているのである。おそらく岩尾根なので植林を避けた場所なのであろう。つまり、天然ヒノキが広葉樹と混交状態で育っている。

　これまで見てきたヒノキの荒廃林を、このような自然林に近い状態に戻してやればよいと思うのだが、現在はシカという外敵が待ち構えており、食害によって自然再生を阻まれるところが出始めてきた。

熊野古道の9割は人工林

　ところでマスメディアによる熊野古道の紹介写真はスギ林が背景になることが多い。これらは熊野のもともとの植生ではなく、戦後の植林木であり、多くは間伐遅れの荒廃林である。暗くて神秘的でいいと思ったのか、これが熊野古道のイメージとして定着している。

　熊野在住で元山林作業員の作家、宇江敏勝氏*32によれば「中辺路ではむかし植林山は全体の1.5〜2割程度だった。それが現在では約8割が人工林化してお

熊野古道の林内に残る石垣、近くに廃屋があった。盛夏なのに草が生えていない林床

崩壊から丸2年が経とうとしているが、復旧工事はまだ手つかずの熊野古道崩壊地。車道がないので工事車両が入れない

▶ 広葉樹に混じって天然ヒノキが育つ岩尾根

大崩壊裏地の対岸は、皆伐跡地にシカの食害が入って一部が裸地化・表層崩壊している

5章　熊野の森で、崩壊するスギ・ヒノキ林　113

り、熊野古道に至っては9割が人工林」だそうだ（「いちいがしの会」総会記念講演 2014..1.26）。

本来なら原生林には照葉樹のイチイガシやタブノキがなければならないのだが、昔は植林山でさえ里からは見えない場所にあり、里から見える山の七合目までは森林ではなく草地・刈り場（採草地）で、その上は雑木林だったそうだ。刈り場にしたのは田畑の肥料と牛馬の飼料のため草が必要だったからで、草原維持のため野焼きをしていた。原生的な森は植林山のさらに奥に残されていたのだろう。

ところで、講演の中で宇江さんはシカの被害には言及されなかった。宇江さんの知らない新しい時代に突入しているのかもしれない。

涼風が照葉樹林の奥深さを教えてくれる

それにしても、夏の熊野の森は暑かった。三越峠が標高550mくらいでそれほど高くはないし、何しろここは紀伊半島だ。これほど深山の雰囲気のある山中で「暑い」と感じた経験が思い出せない（もっとも、Kさんの話ではこの年はとくに暑く、中でもこの取材中の2〜3日はいちばん暑かったのではないかとのこと）。

ところが、林道を歩いていると小さな沢沿いからものすごく涼しい風が流れてくる。われわれは、しばし無言のままその沢を前にたたずんで、涼風を楽しんでしまった。

「熊野の照葉樹のよく繁茂した、切り立った谷の中は冷涼で、それゆえ低標高で海の近くでも、高標高の（寒冷地の）植物が育つ」——というようなことを、後藤伸さんが『日本の自然・原生林紀行』や『明日なき森』の中で書いていたのを思い出した。

これが熊野の照葉樹林の不思議で魅力的な生態の一つなのだが、後藤先生に言わせれば、これこそが日本の照葉樹林の本質・特質であって、照葉樹林は人里に近いので古くから森が拓かれ樹種が変化したので、それが見えなくなっただけなのだ、という。

スギ・ヒノキ人工林に覆いつくされるまでは、熊野にその生態系がかろうじて残っていたのである。

4 熊野地区と安川渓谷

様々な修復工事が継続中

日置川の源流部、熊野地区大崩壊地を見に行く（105ページ地図②）。ここの深層崩壊は高さ約650m、幅約450m、深さ約50m（！）にわたり、崩れた土砂や岩は約410万㎥。熊野地区19世帯のうち8棟が倒壊し、3人の方が亡くなられた。

その場所をGoogle Earthで見ると、尾根の南面ピークから始まった崩壊が対岸に追突し、当時二つの土砂ダムができた様子がわかる。航空写真で見てもその崩壊地は広大だが、一帯はすべて人工林地に見える。国土地理院2万5千分の1地図から凡例記号では769mのピークの南面はすべて針葉樹マーク（人工林）。対岸の斜面もほとんどが人工林である。それを現地で確かめてみたい。

道々に小規模の崩壊地が次々と現われる。すでに工事が終わって人工緑化が施された工事跡。最奥をコンクリートで固めて、その下側に小さな堰堤を据えるタイプ。工事を終えた場所がまた崩れて蛇籠を据え直しているところ。やや大きな崩壊跡ではワッフル状のコンクリートが塗りたくられる。小規模崩壊地では様々な工事のバリエーションがあるようだ。いずれにせよ、安心と引き換えに、これからこの光景とつき合って行かねばならないのは悲しい。

延々と奥に続く過密な人工林

現地に近づくと、冷房付きの工事事務所ができていた。本来なら許可を貰いヘルメットで入らねばならないところだが、日曜日で関係者不在なので自己責任で入らせてもらうことにする。

荒涼な、造成地のような光景が広がっていた。巨石が運ばれていて、度肝を抜かれる。礫を含んだ堆積岩のようだ。それに穴も開いていて、脆そうな独特の石だった。

壊された民家。つぶれた軽トラ。スギが多い。ヒノキも混植されている。やはり人工林だった……。それ

熊野地区大崩壊地の両側は、一面のスギ人工林だった。中は真っ暗の荒廃林

▶寄せられた流木は根がちぎれたスギ・ヒノキ

が延々と続く。

　重機で寄せられた丸太が山積みになっていた。日置川源流部というのにシュールな光景だ。堰堤ができている。水流は実に細々としているが、豪雨になると一気に膨れ上がるのだろう。

　崩れ始めを望遠鏡で確認してみる。やはり崩れ始めも一面の人工林だった。上部はヒノキ林だ。

　もう一度、下流側を撮影しながら下る。土石流によってなぎ倒された木々が、まだ片付けられずに残っている。幹下は皮がむけ、土石流による擦痕が見える。

　復旧工事はまだまだ続きそうで、今後大量のコンクリート堰堤や堤防が築かれるのだろう。

　下流域は案外被害が少ない（感じられない）のが不思議だが、土砂ダムで水がせき止められ、それを工事で無事に抜くことができたからだろう。皆伐が進んでいた。人工林の混み具合、線香林状態がよくわかる。もはや密度を測る必要もない。どこもかしこも、あの滝尻崩壊地と同じ光景だからである。

コウヤマキの林とシャクナゲ咲く名渓

　さて、あまりにも痛々しい崩壊地の内容が続いたので、紀伊半島の名誉のためにも優良な自然を紹介しておこう。日置川源流の安川渓谷である。

　実は、この日は安川渓谷を先に散策し、熊野地区大崩壊の取材が後だったのだが、本書では読者の理解を

5章　熊野の森で、崩壊するスギ・ヒノキ林　115

深めるために逆順で紹介したいと思う。

遊歩道の入り口、車止めの橋の上からこの谷の山肌を眺める。照葉樹林が残されている。ところどころに天然の針葉樹も配置され、ひと目見てその豊かな樹種の豊富さがわかる。

渓谷に下りるとちょうどよい岩棚があって、そこで昼食をとる。水が青い！ 深い淵が残されている。岩と周囲の緑との関係なのか、息を呑むような美しさだ。

遊歩道に入ると コウヤマキの天然林が続き、その下にシャクナゲが咲いている。関東出身の私からすれば不思議な組み合わせだが、懐かしくもあった。故郷の北茨城の花園神社の敷地に、天然記念物のコウヤマキとシャクナゲの群生地があるのを思い出したのだ。

枯死株からシャクナゲの実生が出ている。

尾根にヤマモモの大樹がある。根粒菌と共生し窒素固定をすることから、荒廃した山や魚付き林に植樹したそうだ。この木も意図して残された木なのかもしれない。こちらも今年は雨が少ないそうで尾根は乾燥しているが、土はフカフカで、苔もよく発達している。

途中、ヒノキの人工林がちょっとあるが、渓谷沿いではまた照葉樹が復活する。遊歩道の中ほどにある「雨乞いの滝」は、やはり淵が深い青緑色で印象的だ。

糞虫のオオセンチコガネが歩いていた。関東では赤紫だが、紀伊半島ではルリ色になるそうだ。まるで渓谷の淵の色を真似ているかのようだ。

ヒメカンアオイ、ギンリョウソウの群生を見つけた。

遊歩道とはいえ、けっこう険しい場所もあり、桟道が付けられたところもある。またヤマビルが多いという湿地もあり、そそくさと通過するのであった。

トガサワラがある。日本固有種で、紀伊半島南部と四国のごく限られた場所に自生する珍しい針葉樹である。その球果は原始的な香りがする形状だ。

水源の森は照葉樹とブナ林

安川渓谷は「紀伊半島の渓谷から山の尾根への特徴をコンパクトに表現している」といわれ、日置川源流でも名渓として名高い。ところが、地図で見ると熊野地区大崩壊地から案外近く、直線距離で6〜7㎞しか離れていない。距離感でふた尾根先、といった感じなのだ。

2011年紀伊半島豪雨のときも、同等の雨量があったに違いないのだが、なぜ安川渓谷はまったく荒れた感じが見られないのだろうか？

それは流域の山林にヒントがある。源流の法師山と大塔山は照葉樹とブナが残っているのである。源流域に紀伊半島有数の天然林が残されているのだ。

一方、熊野崩壊地は板立峠に閉塞された水源域のほとんどが人工林なのである。両者は同じ「大塔日置川県立自然公園」地内にあるのだが……。

◀尾根の遊歩道にシャクナゲが咲く

▼ヤマモモの大樹

オオセンチコガネ

トガサワラの球果

ギンリョウソウ

◀ 枯死した株から様々な実生が出ている

遊歩道入り口付近の樹相

安川渓谷の淵

5章　熊野の森で、崩壊するスギ・ヒノキ林

5 水辺の崩壊地と渓畔林

川を破壊する土砂崩壊

最後に三重県〜奈良県側の崩壊地と川の様子を紹介したい。まず三重県と奈良県との県境（国道166号三重県側）で見た飯高町木梶の崩壊地。今回の土砂災害、深く崩れるのは尾根のてっぺんから始まっている例が多い（**写真下**）。

その下の写真は下流の木梶川の土砂堆積の様子。スギがなぎ倒され土石流の擦れで枯れているのと対照的に、中州に残る実生の広葉樹は根が深いので流されていない。

広葉樹は根が深いので流されていない

十津川沿い（国道168号）に入ると次々と崩壊地と工事現場が現われる。川は土砂に埋まり、すでに死んでいるかのようだ（**次ページ上写真**）。上流にダムがあるのでその影響もあるのだろうが、とても魚が居着ける環境には思えない。

その**下の写真**は奈良県五條市大塔町宇井地区で起きた斜面崩壊。手前の工事跡は2004年8月崩壊のもの。2011年の紀伊半島豪雨ではこの700mほど下流の対岸で大崩壊が起きた。手前の工事跡の周囲の人工林はいまだに間伐が遅れて荒廃したままである（**105ページ地図⑥**）。

新しい崩壊地は航空写真では細かい虫ピン（針）のような樹木が散乱していたが、実際現地で見るとそれはやはりスギ・ヒノキ人工林であった。

支流の赤谷崩壊地は下流の沢沿いの土石流の痕跡が凄まじく、工事用のゲートがあって近づくことができなかった。

この周辺は「清水」「長殿」「田長瀬」と大崩壊地が続く。土木学会ではこの地区を重点的にまとめた報告書を作成しており、翌平成24年5月にも再調査を行ない報告書をまとめている。が、内容はどちらも地質など土木的な解析に終止し、森林との関係はまったく語られていない。

渓畔に広葉樹を残す意味

その後、十津川沿いにさらに南下し、いくつかの崩壊地を撮影したが、この日は暑く天気がよかったせいもあって、山が非常に乾いている感じを受けた。読者の方々も、これらの写真を見て水気のない、保水力のないパサパサの山、という印象を持つのではないだろうか。

しかし、このような山に豪雨が連続した場合、土は急激に水を含み、重くなる。土砂降りのとき、水はけのよい土壌ならば、沢筋に地中を通った雨水が吹き出るほど水が出てくる。そこがコンクリートで厚くせき止められたとき、水を含んだ巨大な土圧がかかる。

手入れ不足の人工林の根は浅いが絡み合って板状になっている。最初は雨水が浸透しにくいが、連続の豪

◀ 水が濁り水量がない十津川

雨で根の下を水が流れるようになるとここが一気に破断し、滑って崩壊するのである。

　だから、渓畔林というのは非常に重要で、ここに湿性の広葉樹がある（残す）ことで、水の浄化の役割も果たすし、洪水のとき水が増えても土砂が流れない。それだけでなく大きな根の張りによって、自然の土留めの構造物にもなっている。水を浄化しつつ、水を通しながら、土留めも果たすという、むかしの石垣のような機能を持っているのだ。

　残念ながら、紀伊半島には山の尾根から沢の水際まで、一面にスギ・ヒノキが植えられている場所が多すぎる。

長殿上流の崩壊地。土砂だらけの乾いた河川敷

2004年8月の崩壊跡

2011年紀伊半島豪雨の崩壊跡

◀ 宇井地区の連続する崩壊跡

5章　熊野の森で、崩壊するスギ・ヒノキ林

あの天河大弁財天社が三つ巴の崩壊に

　今回の2011年の紀伊半島豪雨被害では、熊野三山と熊野古道周辺だけでなく、奈良県天川村の天河大弁財天社の周囲も大崩壊した（**105ページ地図⑦**）。

　天河は厳島神社と竹生島と並び、日本三大弁財天の一つとされ、芸能関係者の参拝も多いと聞く。私も何度か訪れたことがあり、そのたびに周囲の山林の荒廃度や、道々に散見される風倒木を心配していたものだ。

　その崩壊地を航空写真で見ると、まるで社を三つ巴で囲むかのように大崩壊地があり、当時はそれらの土砂崩れが川をせき止め、神社一帯に水が集まり、集落を完全に飲み込んでしまったという（社殿は高台にあるので無事）。

　2014年の11月、機会を得て現地を見てきた。熊野側から北上したので、途中の十津川村〜五条の崩壊地を概観していく。

　奈良側の大崩壊地は崩れ始めが広葉樹のところも見受けられる。ただし、原生的な森ではなくモヤシのような2次林である。根が荒廃人工林と同じく貧弱な様子が観察できる。崩壊から丸3年が経過、暗い森が割れ、光を受けて下生えが回復し始めている。

　宇井の崩壊地近くのトンネルには「紀伊半島大水害の復旧・復興」の垂れ幕（土砂崩壊でなく水害……）。復旧工事に乗じて道路拡張と直線化が進行中。これで大型バスも走りやすくなることだろう。山が崩れるということは、土建屋の仕事が生まれ、観光客誘致にはいいのかもしれない。が、自然という重要な元手を食いつぶしてしまうのはどんなものなんだろう。

　天川村に入ると紅葉が映えてくるが、道沿いには相変わらず暗い人工林がとても多く、渓畔までスギ・ヒノキが植えられている。現地は思った以上に大きな崩壊地だった。樹種はスギで、とにかく崩壊箇所は、びっしりとスギばかり……。工事現場の看板を見ると、いちばん大きな「冷水」と呼ばれる地区だ。

　続いて天河大弁財天社にもっとも近い「芦ノ瀬」地区へ回ってみる。当時は土砂ダムができ、社務所は浸水し住民は小学校へ避難。死者も出た。すでに工事は進んで、土留めにベルギーワッフル状のコンクリートが張られている。重機と人のスケールからこの崩壊がいかに大きなものか分かる。

　今後、天河大弁財天社や、さらに上流部にあるコテージなどに向かう人は、いやおうなくこの光景と対峙することになる……。

　　　　　　　　＊

　それにしても、熊野古道神域への入り口といわれる「滝尻王子」前の大崩壊、熊野古道最終地点である那智大社が土砂で埋まり四十八滝の一つが消失、そしてこの天河大弁財天社を囲うかのような崩壊。

　2011年の紀伊半島豪雨、神が何を知らせてくれたのだろうか？

　私はもっと多くの人が、いや日本人ならすべての人が、生きるための核である家——これをつくる最上の素材であるスギ・ヒノキの山に、関心を持つべきだと思うのである。

天河大弁財天社に最も近い「芦ノ瀬」地区崩壊地▼

6章

木の家はどんな森を欲しているか？

そしてどこに向かえばよいか

1 まず山林のレイアウト

先人たちの遺産・財産である山

前章では熊野の森の現状、とくに住宅建材として重要なスギ・ヒノキ人工林を、2011年紀伊半島豪雨の崩壊地を見ていったわけだが、もちろんこれは熊野だけの問題ではない。ではこれからどのように変えていけばいいのか？ という話になるが、その前にこれらスギ・ヒノキの山は先人たちの汗の結晶であり、遺産であり、財産であるということを確認しておきたい。

現在、拡大造林時に植えられた大多数のスギ・ヒノキは樹齢にして40～50年前後だが、これらの樹種は条件にもよるが、樹齢をその倍以上に引き延ばすことが可能な樹種である。それらをいま全部伐ってしまうのか、間伐して長引かせるのか、それとも放置したまま山を崩してしまうのか、人間の意思と作業で、いかようにも選択できるということである。また、伐ったとしてその木をどう利用するのか？ 大木をチップにしてボイラーで焚いてしまうこともできるし、節だらけの細い木を建材として活かすこともできる。

と同時に、山の面積は広大であり、農地よりもはるかに環境に与える影響が強い。日本のような豪雨地帯では、雨で崩れない山、保水力の高い山を目指していく必要があるだろう。そのために効果的な山林のレイアウトを確認しておく必要がある。

昔の山と今の山

112～114ページで宇江さんが語っていた昔の熊野の中辺路の山の姿を下にイラスト化してみた。里から見える山の七合目までは草地（刈り場・採草地）でその上は雑木林。植林山はその奥にあった、という姿である。

集落から歩いて日帰りできる範囲を里山として利用していた時代で、植林山は里からは見えない場所にあり、その面積も全体の1.5～2割ほどだったというから、多くは広葉樹林に覆われていたのである。ただしそれらは原生的な植生ではなくほとんどが伐採跡の2次林で、燃料薪の採取や炭やきの材料として使われていた。

その奥には天然林があったはずだが、1950年代半ば（昭和30年）以降の拡大造林事業によって、その大部分をスギ・ヒノキ人工林に変えてしまい、昭和40年代後半までに照葉樹林や常緑2次林は断片的に散在しているだけ、という状態になってしまった。

本来、栽培型の人工林施業（山を木の畑と見なして

昔の熊野（中辺路）の山

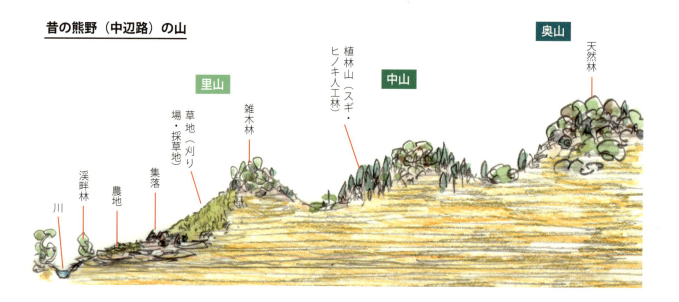

密植・多収穫を目指す）は、できる場所が限られている。昔の熊野ではスギ・ヒノキを植林していいのは山全体の1/3程度といわれ、尾根や沢沿い、急斜面などには植林を避けていたが、戦後の拡大造林はそれを破ってどんどん植林を広げていったのである。しかも本数をより多く植える密植であった。

宇江さんの著書『昭和林業私史―わが棲みあとを訪ねて―』（農文協1988）の中に、「私どもの南紀州でも、後には1ヘクタールに5,000本以上も植えるようになるが、昭和30年代までは3,000から3,500本と、いわば疎林方式であった」という記述があり、拡大造林時に植栽本数が変化したことが伺える。

そして「それにしても、どの山を歩いても杉と檜の人工林一色に変わってしまったことには、今さらながら感慨を禁じ得ない。炭焼きたちが稼ぎの場としてきた天然の広葉樹林は、紀伊半島においてはほとんど消滅したのである」というあとがきの一文が、この地の変貌を言い尽くしている。

水系に影響を与える山の姿

このような森の変化は、川の姿にも大きな影響を与えるのは当然のことだろう。

熊野の山林調査で中辺路のTさん宅にお世話になったある日、夜に富田川のエビ採りを体験させてもらった。実は前に来たとき納屋の片隅に直径16〜17cmの手網が目に止まったので、訊いてみると川エビを採る網で、自作ではなく市販のものだという。エビは夜に川に入ってこの網で獲るというので、夕食後にお願いして川へ連れていってもらったのである。

獲り方は、懐中電灯で川底を照らすとエビの目が光るのでわかる。それを目がけてすばやく網ですくうのだが、エビは後ずさりして逃げるので網を当てる方向がポイントだ。私も何匹か獲ることができ、やや大きな手長エビも獲れた。しかし、総勢4人で探しても、収穫は少ないのだった。昔はもっとゴッソリ大量に獲れたそうだ。

Tさんの話では、現在の富田川は子供の頃に比べて水量が3分の1に減っているという。富田川は紀伊半島でもダムがない川として有名で、昔はアユもウナギもよく遡ってきた。ウナギなどはウケがはちきれるほど大量に獲れたこともあったそうだ。

現・田辺市長の真砂充敏氏も、講演（2013年7月いちいがしの会講座）の中で、子供の頃竹でつくった「もどり」という道具でウナギを大量に獲った話をされている。また5月の藤の花が咲く頃に30cmくらいのウグイが産卵のために真っ黒に群れているのをよく目撃されたそうだ。やはり川の水量が減ったと証言されており、「子供の頃の川は雨が少々降っても水が増えない。しかし、いったん増えると少々照っても減らない」と、今の川との違いを述べておられる。昔は底の見えない青い淵にアユがたくさんいて、「瀬枯れ」（流水が伏没すること）など考えられなかったそうだ。

海と森との関係

川エビ獲りの前に、同じくTさんには白浜の磯での貝拾いをさせてもらったのだが、山と川の荒廃が海にも影響を与えるのはこれまた当然である。

「魚付き林」という言葉がある。漁師たちは森が魚を育てる温床になることを経験的に知っており、漁業が盛んな地域では、岬先端の森の伐採を控えるなどして大切に保護してきたのである。

前章では渓畔林の重要性を書いたが、海に接する森もまた同様であって、雨水の泥や生活圏からの汚水を浄化して海に戻し、腐葉土の成分は植物プランクトンや海藻を育てる（それに川からの養分も加わる）。

熊野だけでなく、私の住む瀬戸内海沿岸でも海岸沿いの山にウバメガシ林をよく見るが、林内を観察するとヤマモモが混じっていることがよくある。ウバメガシは備長炭を焼くときの原料だが、純林の中にヤマモモがぽつんとあるのは、明らかに意図的に残されたか植えられたものである。

ヤマモモはマメ科で根に根粒バクテリアが付く。空気中の窒素を固定するので痩せ地でも育つ。また大きな実は鳥や動物たちが好むので、それらが落とす糞で土が肥え、すぐに他の木が生えて森に変わりやすい。ヤマモモは皮が染料になり、薪としても優秀で、材の

◀ウバメガシ林内に残るヤマモモ

価値も高いそうだ。豊かな漁場を守るために、漁師が海岸にヤマモモを植えた話を、後藤伸さんが『熊楠の森——神島』（農文協、2011）の中で書いている。昔は山が崩れたといえば、農家と漁師が共同で木を植えたことがあったそうだ。崖で植えられないところはウバメガシのどんぐりを挿し込んでいったという。ウバメガシはどんな崖でも育ち、昔の漁師にとっては船を漕ぐときの櫓のへそになる重要な素材でもあった。こうして魚付き林が守られていった。

間伐遅れで表土を流し、痩せ地化する人工林地、そして今後、ますます崩壊が進むであろう日本の山——その再生にも参考になる話ではないだろうか。コンクリートで固めるばかりが能ではない。

理想の山のレイアウト

話がそれたが、昔の山のモデルを利用するなら最低限、**下図**のようなレイアウトに戻していかなければならないだろう。

基本は渓畔と尾根にはスギ・ヒノキ人工林を置かないことである。谷筋には水の浄化と土留めのためにも根の深い湿生の広葉樹を残す。たとえばハンノキ、ヤナギ類、クルミ、トチノキ、カツラ、ケヤキなどである。尾根は乾燥しやすく雨で養分が流れ落ちる場所なので痩せ地であり、スギ・ヒノキ人工林には向かない。また野生生物の回廊、餌場としても重要なベルトになる。腐葉土をつくることで中斜面に養分を送る役目も果たす。広葉樹だけでなく、天然のヒノキやマツ、サワラ、ツガなど乾燥に強い針葉樹も混じってよい。

昔から適地適木に「尾根マツ、谷スギ、中ヒノキ」という言葉があるように、乾燥と湿潤、土壌の厚みによって植える木を選ばねばうまく育たない。さらにスギ・ヒノキは南面に植えると枝が片側に張り出し、建材としてよい木にならないので、自然林として再生させたほうがよい。尾根は最低でも幅20m、谷筋は30mは自然林の帯を残しておくべきである。

理想の山のレイアウト

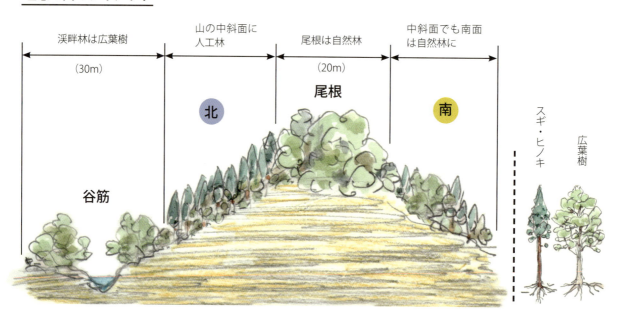

2 理想とする人工林のカタチ

過密な人工林はどこがいけない？

山の中斜面に人工林を残すといっても、その内容がまた問題である。前章で見たような過密な人工林のまま残したのではダメで、中に広葉樹が混じるような森に変えていかねばならない。

過密な人工林は上から見ると**下図・左**のようになっている。樹冠が閉塞して林床に光が射さなくなる。林内に入ると暗く、他の植物がほとんど生えていない。落ちているのはスギ・ヒノキの枯れ葉・枯れ枝だけ。これでは他の生き物のエサがない。腐葉土もできないし動物や昆虫が落とす養分も補給されない。しかし、雨は容赦なく地面を叩く。それで表土が雨のたびに流れていく。

表土は草木の落ち葉や動物昆虫の糞や死骸、それらを土壌微生物が長い時間をかけて分解し、土に変えていったものであり、森の母性といっていい重要な物質である。それを失ったあげく、外からの補給がないという最悪の状況といえる。葉量もなく養分もなければ生長も鈍ってしまう。

前章の熊野の崩壊山林がことごとくこのような姿だったのは写真でも十分理解できたことと思う。

健全な人工林はどんな姿？

これに比べて健全な人工林は上から見ると**下図・右**のようにすき間があって光が射すので、下から広葉樹が生えてきて、地面に草も生えている。だから雨が降っても土が流れにくいし、様々な樹種の落ち葉や枯れ草が腐葉土をつくる。また、様々な植生に依存する昆虫類が棲み、それを食べる鳥などもやってくる。鳥の糞は植物のタネを落としてまた森を豊かにする。

広葉樹は中層に枝を伸ばして深い根を張るので、崩れにくい山になり、豊富な土壌生物が水が浸透しやすい土をつくるので保水力の高い山になる。

では、こうするのはどうしたらいいか？　実は間伐するだけで簡単につくることができるのだ。

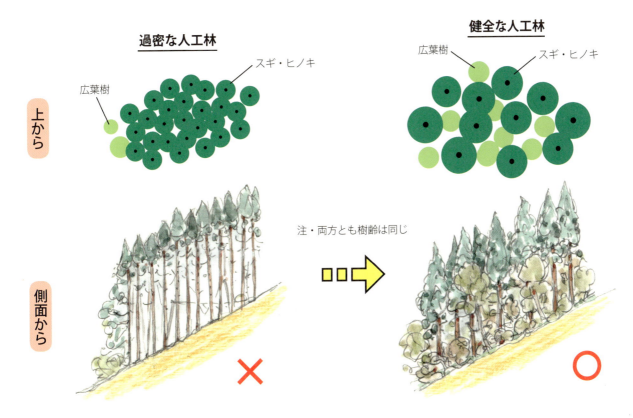

6章　木の家はどんな森を欲しているか？

3 木の生長と間伐の科学

自然に木が生えてくる日本の山

　日本は温暖湿潤で山の植生がもともと豊かである。草原を放置しておくと自然に森に還ってしまう。だから火入れをしないと草原が維持できないのだ。

　山の地面には植物のタネがたくさん潜在している。それが温度や光の条件を受けて発芽し始める。日本ではどんなに乾いて荒れた土地でも、風で飛んできたり動物たちが運んでくるタネがあるので1～2年もすると緑で覆われてしまう。土のない岩山でさえ、小さな棚があればそこにマツなどが生えてくる。

　とくに春から初夏にかけて、日照が長く温度が上る時期に梅雨がぶつかるという、植物の生育にとって最高の条件が揃っている。さらに太平洋岸では黒潮が湿り気を運んでくる。一方、日本海側は降雪によって湿り気の蓄積が長く続く。考えてみれば、すごい土地柄なのである。

模式図でみる植林木の生長

　ここで人工林の植林からの生長と間伐について、模式図で説明してみよう。最初に地面を均し、小さい苗木を植えるわけだが、前述のように地面に光が当たって、他の草や広葉樹がいっせいに再生してくる。

　だから植えた木を育てるためにそれらを下刈りしなければならない**下図①**。熊野の山では下刈りの季節はとても暑いので「地獄の労働」などと呼ばれ、これを最低でも5年から6～7年繰り返して、このスギ・ヒノキが草木の背丈を抜けたときに、ようやく下刈りから開放される**②**。

　そうすると植えた木の生長にともなって葉と葉が触れ合うようになる。こうなると少し伐って間引いてやらなければいけない**③**。

間伐しないと下枝が枯れてくる

　これが「間伐」なのだが、これをしないで放置すると**前ページ**の「過密な人工林」のような、模式図でいうと**④**のような山になってしまう。林内に光が射さないので、下から枝がどんどん枯れ上がってきて、背丈だけが伸びる。

　林業では山のいちばん外側の林縁の木は、林内が乾燥しないように「枝打ち*34」をしないで下まで枝を残すのが通例だ。自然に放置すれば図のように林縁は片側だけ充分に光が当たるので、生き枝が残る。すると、この木だけは緑の葉っぱが多くなる。山に行ったらぜひ観察してみるといいが、間伐遅れのどんな酷い山でもこの道端の木は太い。

　雪とか風で折れたときに、この太い木だけが残って、中が倒れるという現象がよく起きる。形状比*35の小さい、幹が太い木はなかなか折れにくい。これは力学的な常識で当たり前のことだ。

生長と間伐の模式図

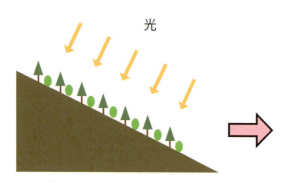

① 下刈りが必要な時期

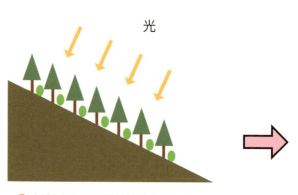

② 木が生長して下刈りが必要なくなる

間伐が必要なときにきちんと間伐すると⑤のようになる。植栽木は空間を得て緑の葉を生長させ、下には草や広葉樹などが育つ。

実は、昔は細い木も実によく使われたわけで、細い木さえ飛ぶように売れた時代があった。間伐材の需要があったのでこまめに伐り出し、それが手入れになっていた。

そして昔は木を畑のように育てる感覚だったから、篤林家の中には今でも自然に生えてくるこの広葉樹を伐ってしまう人がいる。するとスギ・ヒノキだけ立っていて見通しがよく、下には広葉樹がないが下草だけは生えているという景観になる。そのほうが見通しがよく植栽木の様子もわかるし、伐採するときも広葉樹が邪魔にならないというわけだ。

中層に広葉樹があることが重要

確かにそのような仕立ては人工林の管理にはいいのだが、実はこの中層にスギ・ヒノキ以外の自然に生えてきた木があるということが、これを残すということが一番大事なのだ。特にこの雨の多い日本では。

前125ページの「健全な人工林」（模式図における⑤）にするのは実に簡単なことだ。「上手に伐るだけ」なのだから。ただしタイミングを逃したらダメで、木の生長の早い温暖な山ではこの間伐が生命線であって、間伐する・しないで将来の山の姿に雲泥の差がでる。

重要なのは、「伐り捨てでも、やらなければいけない」ということだ。もったいないからといって放置しておくと手遅れになる。また、伐り方も重要で、伐り捨てる木がかわいそうなどといって本数をケチると、間伐効果がなく、すぐにまた枝葉が密閉してしまう。

④ 枝葉がさらに混み合いながら背丈だけが伸び、下枝が枯れてくる

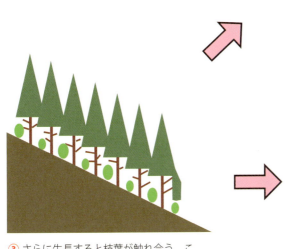

③ さらに生長すると枝葉が触れ合う。ここで間伐が必要になる

⑤ 植林木は空間を得て緑の葉を生長させ、下には草や広葉樹などが育つ

公的な間伐の実態

これまで、多くの森林組合では本数で3割くらいしか伐らない弱い間伐を続けてきた。たくさん伐りすぎると山主に悪い印象を与え、かつ残した木が風や雪で折れたら困る。なにしろそれで補助金が貰えるのだから、たくさん伐る必要はない。ところが弱い間伐ではまたすぐに暗い山に戻ってしまう。伐っても伐っても本当の間伐になっていない。しかも森林組合が手をかけている森というのは、日本の人工林のうちのごくわずかで、あとは放置されているところが多いのだ。放置されても木々はわずかだが生長し続けている。状況はどんどん深刻になっていく。

林業事業体の若い職員が「間伐の方法や間伐率について、その根拠を知りたいが、誰に聞いても納得のいく説明が得られない*36」と言っていた。日本には現場技術者にそのような体系を教える学校のようなシステムがないのである（ヨーロッパでは技術者、地域の指導者であるフォレスターを養成する公的システムがある）。

木が太れず森が回復しない

健全な人工林の木は生きた枝葉が樹高の1/2以上ある（下図・左）。これだと木がよく太る。しかし太り過ぎても材としてはよくないし、幹の根元と上部との太さが違い過ぎると製材歩留まりが悪くなる。だから樹高の半分までは枝打ちで落としてやるとよい。節も中に巻き込まれてきれいな材も採れる。

しかし間伐の遅れた山の木は、生きた枝が梢の先にしか付いていない。これでは間伐しても木が太れない。生き枝が樹高の1/3以下になってしまった木は回復が見込めない。木の生長点は先端にあり、すでに樹高を稼いでしまった木は伸び幅がないからだ。こうなると間伐しても効果がないので、皆伐するしかない。皆伐しても細い木ばかりだ。では薪にでもするか……というところに追いつめられた山がたくさんある。あれだけ先人が汗を流して下刈りを抜けたというのに、なんと薪を育てていたのだ。

間伐と年輪の模式図

樹高と生き枝

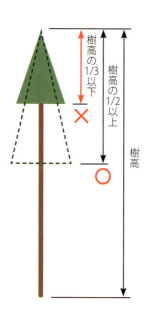

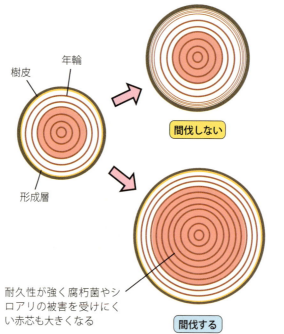

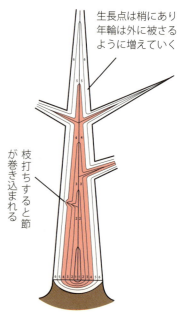

▶熊野の旅で見つけたスギ良林（三重県松坂市飯高町）

▶熊野の旅で見つけたヒノキ良林（和歌山県和歌山県田辺市本宮町）

4 北米のベイマツの姿

天然ベイマツと植林ベイマツ

ここでスギ材のライバルである北米原産のベイマツ（ダグラスファー）の生態という観点から日本の林業を照射してみよう。

徳島県立博物館にベイマツの大きな輪切りが展示されている（下写真）。展示プレートによればセコイアに次いで大木になる樹で、直径3m、樹高は100mにもなるという。展示物は天然林（原生林）の木で年輪は細かく、年輪幅を胸高直径と樹齢から逆算すると、平均年輪幅は約2.3mmということになる。

天然林のベイマツは「ピーラー」と呼ばれ、造作材として珍重されたが、保護されるようになり近年はあまり伐られていない。今は植林されたベイマツが構造材用に輸入されている。下右の写真は、そのベイマツの梁材だが、天然林の木とに比べ、かなり木目が粗いのがわかる。横架材は大きな断面が必要なので、人工林にまだ太い木がない日本では、住宅産業の梁桁をこの植林ベイマツが席巻している。

社有林が日本の四国と同じ広さ

そこではどのような施業をしているのか？ アメリカ北西部のワシントン州に本拠を構える北アメリカ最大規模の「ウェアーハウザー」という林業会社があるのだが、その所有する商業用森林はほぼ四国と同じ広さで（世界最大規模）、そのうち毎年の伐採は全所有林の2％にとどめ、伐採後1年以内に新しい木を植えるという。最新のバイオ技術を駆使して苗木を育て、毎日約20万本（！）もの植林をしているというのだ（その主要木がベイマツ）。それが50年で樹高40m、太さ60cmに育つ。日本の住宅産業をターゲットに、そのニーズに合うように育林しているのだった。

同社のプロモーションビデオを見ると、人工林は木の畑のように管理され、強度間伐が施されている。日本の荒廃林とはまったく趣きが違う。

夏冷涼で乾燥する気候の下で

しかし、この人工林のベイマツは単純計算で年輪幅が6mmもある。先の天然林のベイマツとは大きく異なる。では天然林の年輪の細かさはどういう理由で説明できるのだろうか？ ワシントン州の隣、オレゴン州で調査研究した経験を持つ森林と造林の研究者、藤森隆郎[*37]氏の著書『森との共生』（丸善ライブラリー2000）にその謎が解かれている。

ベイマツの故郷、アメリカ北西部の太平洋岸沿岸は夏涼しくて乾燥し、冬は温暖多湿になる。特に夏はカリフォルニア海流（寒流）の上で

写真左：天然林ベイマツの細かな木目
写真上：人工林ベイマツ

◀天然林ベイマツの輪切り

風が冷やされる。その風は「天然の除草剤」であり、それに耐えられるのが針葉樹であり、その多くが林業に向く有用樹種だというのだ。

夏に暑くて雨の多い日本とは真逆の気候で、夏でも草が生えないので下刈りが必要なく、しかも広大なだけでなく地形もゆるやかで作業しやすいという。

天然の針葉樹は厳しい場所で育つ樹種

そもそも針葉樹は、進化の遅れた樹種で、広葉樹と競合すると負けてしまう（針葉樹は種子が小さいことでもその違いがわかる）。だから厳しい場所（乾燥地、岩場、冷涼地）などに追いやられ、そこで純林をつくる。それゆえ自然状態では生長が遅く、年輪が細かい。

つまり北米の人工林地は、天然ベイマツ適合する植物環境的に厳しい場所で行なっている。それを人工的に早く育つように、強度間伐で施業しているのだ。

一方、日本では、本来広葉樹が繁茂する場所に、スギ・ヒノキを植えている。針葉樹は、林業的有用樹種が多く、育てやすいこともあり、温暖で地質のいい所で、競合する植物を下刈りしながら育てている（さらに急斜面でひだの細かい山地形のハンディも加わって、北米に比べて林業的には多大な手間がかかる）。

それが今では、間伐の手入れが遅れて過密になり、スギ・ヒノキは生き枝が少なく生長が抑えられ、近年は年輪が極端に密になっている。そして林内は暗く、他の植物が育たず、荒廃している。

植林の木を放置することを、「年輪が詰まって育つからいいのだ」などと開き直っている（あるいは木の生理が理解できていない）人がいるが、天然林で針葉樹が密な年輪になるのと、日本の人工林地で密な年輪になるのとではまったく意味が違うのである。

このような理解と施業の勘違いを正さねば、豪雨の降る日本では表土がどんどん流れ、山は痩せ、やがて土砂崩壊をもたらし、山も川もダメにしてしまうだろう。

ちなみに、日本でも亜高山帯ではモミやトウヒ類などの針葉樹の純林が見られるが、そこはとても林業が成り立つ場所ではない。

5 針広混交林・長伐期施業へ

日本ではリスクの高い畑型林業

私は密植して畑のように栽培林業をするのを完全否定しないが、日本のような雨の多い山の斜面で広範囲にそれをやるにはあまりにもリスクが高すぎると思う。平坦で崩れにくく、台風や雪の被害の少ない場所ならそれもよいと思うが、そもそもヨーロッパ諸国の年間総雨量がたった1日で降ってしまうことがあるのが日本の山なのだ。かの地と同じ施業でいいはずがないのである。

そして異常気象の続くこの頃ではさらに心配になる。林業は農業のように1年で勝負するのではない。何十年という長い保育時間の中で、必ず一度や二度は山を揺さぶられるような嵐を通過しなければならないのだから。

針広混交林で密度管理する

それに耐えるにはやはり針広混交林がよいのであり、それは間伐技術一つで簡単にできるのである。なにしろ広葉樹が自然に生えてくる条件のところで林業をしているのだ。この利点を活かさない手はない。

強度間伐で広葉樹を呼び込めば、育てられるスギ・ヒノキの本数は減るが、材積のボリュームになって還ってくる。大径材に育てれば材の価値はさらに高まる。

このとき大切なのは、つねに植栽木が優位に立つように密度管理（間伐）していくことだ。鳥瞰で見て森の樹冠はスギ・ヒノキが占有するようにし、その下に広葉樹が組み合わさるようにする。

125ページの図をもう一度見てもらいたいが、植えた木が大きくなるにつれ、樹冠が接近していても光がこぼれるすき間が大きくなることがわかるだろう。

間伐することで、このすき間がますます大きくなり、広葉樹が下から頭を伸ばして飛び出そうとするわけだが、同時にスギ・ヒノキも樹冠をふくらませるので、林内は徐々に暗くなり、やがて広葉樹の頭は押さえられる。

このサイクルをいかに効率よく維持していくか。これが日本のような植物の繁茂しやすい場所での密度管理の要諦なのだ。それには農業のように潅水したり肥料を

やったり草取りしたりという手間や技術は必要ない。間伐一つにかかっているのであり、その内容と質にかかっているのである。

現在の状況下では、少なくとも次の間伐時に、下から出て来た広葉樹を邪魔だからといって伐らないことである。

皆伐せずに長伐期施業を目指す

再生不可能なほど生き枝がなくなってしまった荒廃林分は仕方がないが、人工林として適正な場所ではできるだけ皆伐は避け、優良な木を残して森の状態を存続させたほうがよい。

皆伐すればふたたび植林をしなければスギ・ヒノキ山に戻らない。するとまた下刈りの手間が必要になる。間伐も十分できていないのに下刈りに人材を投入できるわけがない。それに、一時的な草原をつくればまたシカ被害が拡大し、植林木の食害もはなはだしいものになるだろう。

それよりも先人が植えて下刈りが抜けた林分を遺産・財産と考え、それを中～大径林に移行するよう誘導したほうがよい。経営的にはそれを択伐しながら森を持続させていくという方法である。

植林は空いたところにスポット的に植えていくか、自然発生した稚樹を活かして循環させていく。そのような施業の中での小規模な皆伐（1ha未満）なら許されるだろうし、そのような場所がモザイク状に点在するなら生物多様性もより豊かになるだろう。

中～大径材にすることの意味

先に中目材が嫌われていることを書いたが（102ページ）、日本では住宅メーカーの思惑で山側が動かされている。柱材だけしか需要がないからと、それに施業体系を合わせようとするのは本末転倒である。

私が今回の家づくりで構造材に用いたスギの産地、愛媛の久万林業では、スギの育林技術体系図をつくって古くから強度間伐を推奨していた。だから中～大径木のストックがあって現状で梁桁材が出るのだが、それでも最初は山積みにした梁桁材を前に「売れるわけがない」などと批判もされたそうだ。現在では価格的にもベイマツと対抗でき、販路も増えている。

無節の良材も育てたいが、それは枝打ちで管理された密植栽培型林業でなければできないわけではない。今はB・Cに等級される材であっても、中～大径材まで太くすれば多少の曲がりゆがみは減衰し、梁桁材も採れるし無節の板材も採れるのである（とくに大径材にすれば無節率は高くなる）。

小径木から柱材を採れば製材ムダが多く、ボリュームの半分は捨てる部分になるが、中～大径材の場合は柱や梁桁を挽いた残りで板材を採ることができ、家づくりの素材を採るためにも合理的なのである。

また、安定した大径林は、若い林分より風や雪の被害に強く、保水力も高く土壌保全にも優れる。

広葉樹も用材として生きてくる

湿潤な日本では、森の中はカビやキノコなど菌類や微生物の宝庫である。それらは水や空気をつねに微調整して、腐敗から守ってくれているのだが、その大切なすみかである表土を雨で流してしまっている人工林が多い。

だから、その間の広葉樹は大事に育て、土留めの役を担ってもらうと共に土壌を取り戻さないといけないが、この間に出て来た広葉樹は、用材として活かすこともできるのだ。

一般に広葉樹は明るい場所で育つと、曲がり木で太い枝を横に張ってしまうものが多いが、やや暗いスギ・ヒノキ林内で育つと幹が通直になり、やがて側枝が落ちてくる。周囲のスギ・ヒノキを伐ったときに通直のまま大きく育つ。実際、伊勢神宮宮域林ではこのような広葉樹を用材として出しており、単価もヒノキとほぼ同等だそうだ。

スギ・ヒノキの新しい時代へ

こうして健全な林業を取り戻したとき、日本の山に植えられた膨大なスギ・ヒノキが、厚みのある床材や、梁桁に使えるサイズとなって住宅産業に流れ始めることになる。とくにスギはその乾燥をクリアするなら、

湿潤な日本の暮らしに大きな役割を果たすきわめて重要な素材である。

　私は今回の家づくりを通して、スギ・ヒノキ材は実に美しく快適な素材で、今後ますます多くの人々の心をつかみ、伸びていくだろうと確信を持った。梁桁材とフローリング材はもちろんだが、さらに心を動かされたのは無節の板材である。これを漆喰と組み合わせ、窓枠、ドア枠、笠木、幅木・回り縁などに意図的に使うなら非常に美しい家ができる。

　そしてこの家に住み始めて感じたのは、われわれはスギ・ヒノキという素材を通して、和と洋の住まいの最後の統合の時代にいるということである。西洋への憧れの時代は終わった。咀嚼も終えた。あとは血肉として再創造していくのだ。

　それは伝統的な技術を継承した職人たちが健在なうちに、森が崩壊する前に成し遂げねばならない。そしてそれらを未来に繋げていくのは私たちの責務だが、蘇る生き物たちが見られ、囲炉裏暖炉や木工という余録があるなら、それもまた楽しい道のりだ。

6章　木の家はどんな森を欲しているか？　133

註──本文に＊番号として表示・（　）内は語句のあるページ数

1 熊野の森ネットワーク・いちいがしの会（10）……故・後藤伸が立ち上げた環境 NGO。熊野地方の自然に関する調査・研究・学習・保全（植樹を含む）・間伐（巻き枯らし）・啓蒙など広範囲な活動を行なっている。

2 出材することが条件（11）……平成 23 年度から「切り捨て間伐」が助成対象から除外され、出材量に応じた補助となった。このため間伐が進んだのはいいが、B 材、C 材といった低グレードの丸太が市場にあふれ、逆に A 材、良材が品薄になり、価格が不安定になるという現象が起きている。

3 日本全土に生えている木の 5 分の 1 はスギ（12）……日本は国土の約 3 分の 2 が森林に覆われた世界有数の森林国だが、スギ、ヒノキ、カラマツ等の人工林は全森林面積のうち約 41％を占め、スギは全体の 18％を占める（平成 24 年林野庁業務資料）。

4 ほぞ（12）……2 つの部材を接合するために、角材の小口に加工した突起。

5 行火（19）……（あんか）陶質土器でつくられた暖房器具。炭を熱源に布団などに入れ暖をとる。持ち運びできる。

6 竈（24）……（かまど）石・土・レンガ等でつくられた薪で煮炊きするための設備装置。古くは焚き口が排煙を兼ねたが、煙突がついて野外へ排煙できるものへと進化した。

7 タモ材（27）……モクセイ科トネリコ属の広葉樹種で、木目が美しく家具類をつくる材として人気がある

8 ALC 板（発泡コンクリート）（31）……ALC は Autoclaved（高温高圧蒸気養生された）・Lightweight aerated（軽量気泡）・Concrete（コンクリート）の略。珪石、セメント、生石灰、石膏、アルミニウム粉末などが原料。軽く、耐火性が高いため外壁によく用いられる。

9 ロストル（32）……火の下に設けた鉄の格子（こうし）。火格子。空気を送り灰を落とす役割がある。

10 三つ爪（44）……囲炉裏や火鉢の灰に埋めてヤカン等を載せる五徳の一種。鉄瓶を置くのに安定感がある。

11 ワタシ（44）……扇形に湾曲した焼き網。灰の上に置き、火からかき集めた炭を下に敷いて焼き物ができる便利な道具。

12 現し天井（55）……　天井板で梁を隠さず、2 階の床板の裏側が 1 階の天井となる施工法。梁を見せるため鉋がけの手間が増え、天井板を張るよりコスト高になることが多い。

13 第三種換気（55）……24 時間換気の形式の一つ。他に第一種換気（機械給気／機械排気）、第二種換気（機械給気／自然排気）があるが、住宅に用いられるのは第一種もしくは第三種である。第一種換気は給気と排気が機械で行なわれるので安定した計画換気ができるが、第三種換気よりもイニシャルコスト・ランニングコストが高い。

14 構造計算（55）……建築構造物が固定荷重や外からの荷重・振動に対してどのように変形し応力が発生するのかを計算し、それらに耐えられるかを判定すること。木造でも 3 階建て以上の建物では必要だが、2 階建てでは壁量（へきりょう）計算で済まされるのが通例。

15 ホルムアルデヒド（56）……シックハウス症候群の原因物質の一つ。有機化合物の一種で毒性は強い。安価なため接着剤、塗料、防腐剤などで建材に広く用いられている。

16 ネオニコチノイド系薬剤（56）……有害性が高い有機リン系農薬に替わり、1990 年代に登場し近年多用されている農薬・殺虫剤。ミツバチ大量死の原因と疑われている。

17 シナ合板（57）……表裏にシナ（シナノキ）材を貼った合板。ラワン合板に比べ白くきめ細やかで、内装や造作家具に化粧材としてよく用いられる。

18 野地板（57）……屋根など仕上げ材のすぐ下にあってそれを支える目的のもの。「野」は仕上げなしの材の意味。

19 チョウナ（59）……丸太や割材をハツって平らにするための道具。横刃に曲がった木の柄が付いており、手前に叩くようにして削る。名栗（なぐり）仕上げの化粧材にも使われる。

20 ミニマリズム（59）……装飾を排除し、形態や色彩を最小限度まで突き詰めようとする美術形式。最近では人生をシンプルにするため必要最小限のものを残した生き方もそう呼ばれる。

21 砥部焼（60）……（とべやき）愛媛県砥部町を中心につくられる陶磁器。讃岐うどんの器としてもよく用いられる。

22 KD 材（62）……Kiln Dry Wood の略で、乾燥機（Kiln）を用いて人工的に乾燥させた木材。外材の梱包に「KD」という表示がよく使われ、これらは人工乾燥処理済みを意味する。

23 テクスチャー（66）……物の表面の凹凸質感・手触りなどを指す概念。建築では形態や色彩とともに重要な造形要素。

24 石膏ボード（73）……石膏を主成分とした素材を板状にし、特殊な紙で被覆成型した建築用内装材。断熱・耐火・遮音性が高く、価格も安いことから壁、天井などに広く用いられている。

25 板目（77）……曲線が現われる木目。

26 桟組子（77）……（さんくみこ）細い桟を用いて格子などを構成すること。欄間や障子などがよい例。

27 柾目（78）……（まさめ）平行直線が現われる木目。

28 斗栱（88）……（ときょう）木造建築で斗（ます）と肘木（ひじき）を組み合わせて柱の上に置き、横架材を支えるしくみ。寺院建築の深い軒を支えるために用いる。

29 鋸谷茂（104）……（おがや・しげる 1953 〜）福井県の林務職時代から強度間伐と大径材施業を提唱・普及する。現在は「鋸谷式間伐」で知られ、釣り竿を使った明快かつ実践的な密度管理手法が特徴。現在「森と木の研究所」主宰。著書に『図解　これならできる山づくり』（共著・農文協）、『鋸谷式間伐

実践編　なるほどQ&A』（全林協）。対談集『日本のリアル　農業・漁業・林業 そして食卓を語り合う』（養老 孟司・PHP新書）。

30 後藤伸（109）……（ごとう・しん 1929〜2003）和歌山県下の中学・高校教諭時代から紀伊半島の生態系の解明・保全に尽力。南方熊楠の膨大な生物標本の整理復元を行なう。没年、第13回南方熊楠賞特別賞受賞。著書に『虫たちの熊野』（紀伊民報）、『明日なき森』（新評論）など。

31 南方熊楠（110）……（みなかた・くまぐす 1867〜1941）博物学・生態学・民俗学などに大きな足跡を残し、粘菌の研究で知られる和歌山県生まれの学者。神社合祀令に反対し、照葉樹林の保護に尽くした。主著『十二支考』『南方随筆』など。

32 宇江敏勝（112）……（うえ・としかつ 1937〜）作家。炭焼きの家で育ち、高校卒業後、熊野の山林で働く。1980年、自伝『山びとの記』（中公新書）を発表。著書に『昭和林業私史』（農文協）、『宇江敏勝の本』（全12巻、新宿書房）など。

33 拡大造林事業（122）……高度経済成長の下で建築用材の需要が増す中、天然林を人工林に転換していった事業。

34 枝打ち（126）……下枝や枯れ枝を切り落とすこと。節のない良材を得るために行なうが、林床へ光を入れる効果もある。また枝打ちされた幹部下は通直に太り、製材歩留まりがよくなる。

35 形状比（126）……樹高を胸高直径で割った数値。風雪害の指標となる。70以下なら安全。85を超えると風雪害に弱い。

36 間伐の根拠（128）……藤森隆郎『「なぜ3割間伐か」林業の疑問に答える本』（全林協 2015）の中にこの質問が提示されている。この期に及んでこの質問を発しなければならないという現実が、いまの林業の病理を物語っている。

37 藤森隆郎（130）……（ふじもり・たかお 1938〜）農林省林業試験場（現、独・森林総研）で森林生態と造林の研究に従事。森林環境部長を最後に退官。著書に『森林生態学 持続可能な管理の基礎』（全林協 2006）、『「なぜ3割間伐か？」林業の疑問に答える本』（全林協 2015）など。

38 亜高山帯（131）……北半球の中緯度山岳地帯に成立する森林。日本では中部山岳の登山で親しまれる高度にある。

39 樹冠（131）……樹木が太陽光を受けるために、樹幹の上に形づくる枝葉の層。

40 伊勢神宮宮域林（132）……神宮支庁が管理する伊勢神宮の森。神域の保全地と御造営のための造林地がある。後者では強度間伐によるヒノキ大径林（平成25年の式年遷宮に初めて使用された）と、裸山から再生した照葉樹天然林が見られる。

参考資料

『鋸谷式　新・間伐マニュアル』鋸谷茂監修・大内正伸著（全林協 2002）

『図解　これならできる山づくり――人工林再生の新しいやり方』鋸谷茂・大内正伸著（農文協 2003）

『山で暮らす　愉しみと基本の技術』大内正伸著（農文協 2009）

『「植えない」森づくり』大内正伸著（農文協 2011）

『囲炉裏と薪火暮らしの本』大内正伸著（農文協 2013）

『人工林の科学／講演篇〜紀伊半島崩壊を巡る森林講義〜』大内正伸著（電子書籍 wook 2013）

　　　＊

『吉村順三のディテール――住宅を矩計で考える』吉村順三・宮脇檀著（彰国社 1979）

『暖炉づくりハンドブック――その働きと詳細』奥村昭雄編集（建築資料研究社 1991）

『図解・木造建築入門』尾上孝一著（井上書院 1979）

『日本の自然・原生林紀行〜知られざる森の魅力を語る〜』工藤父母道編・監修（山と溪谷社 1993）

『明日なき森――カメムシ先生が熊野で語る／後藤伸講演録』吉田元重・玉井済夫監修、熊野の森ネットワークいちいがしの会編（新評論 2008）

《南方熊楠コレクション》第五巻『森の思想』中沢新一・編（河出書房新社 1992）

『熊楠の森――神島』後藤伸・玉井済夫・中瀬喜陽著（農文協 2011）

『昭和林業私史――わが棲みあとを訪ねて』宇江敏勝著（農文協 1988）

『鋸谷式間伐実践編　なるほどQ&A――森林の健全度を高めよう』鋸谷茂著（全林協 2010）

『森との共生――持続可能な社会のために』藤森隆郎著（丸善ライブラリー 2000）

『「なぜ3割間伐か？」林業の疑問に答える本』藤森隆郎著（全林協 2015）

大内正伸（おおうち・まさのぶ）

1959年、茨城県生まれ。イラストレーター・著作家。
1981年 日本大学工学部土木工学科卒業後、東京の設計コンサルタントに就職。1983年離職し、山小屋、型枠解体、地質調査、魚河岸などのアルバイトをしながらイラスト修業をする。
1986年『山と溪谷』誌でデビュー。『Outdoor』『林業新知識』『現代農業』『ドゥーパ！』誌ほか、教科書・学術書の図版、イラストマップなどで活躍。
1996年、東京西多摩の森林ボランティア活動に参加。以後、広く林業の調査をし、間伐の実践グループやイベントを立ち上げる。また紙芝居ライブや個展、講演、執筆活動を展開する。
2004年より群馬山間部の古民家に移住し、囲炉裏や石積み、自然農を実践。この間にも北海道から屋久島まで全国を取材し、四国にもたびたび足を伸ばす。
2011年、香川県高松市に転居。2015年春に竣工したアトリエ兼住居で、畑作や木工を楽しみ、数十年ぶりに釣りを再開し、瀬戸内と西の文化を味わっている。
著書に『鋸谷式 新・間伐マニュアル』(全林協)、『図解 これならできる山づくり』(共著)『図解 山を育てる道づくり』『山で暮らす 愉しみと基本の技術』『「植えない」森づくり』『囲炉裏と薪火暮らしの本』(以上、農文協)、『楽しい山里暮らし実践術』(学研パブリッシング)、『人工林の科学／講演篇』『北アルプスのダルマ』『むささびタマリンものがたり』(電子書籍wook)など。創作紙芝居に『むささびタマリン森の おはなし』『神流川なつかし物語』など。

カバーを外すと山仕事の絵が現れます。私家版の森林（やま）づくり入門(1999)より抜粋しました。5〜6章の理解にお役立て下さい。著者自装

「囲炉裏暖炉」のある家づくり

2016年2月10日　第1刷発行

著者◉大内正伸

発行所◉一般社団法人 農山漁村文化協会
〒107-8668 東京都港区赤坂7丁目6-1
電話　03(3585)1141(営業)　03(3585)1147(編集)
FAX　03(3585)3668　振替 00120-3-144478
URL　http://www.ruralnet.or.jp/

ISBN978-4-540-15176-7　　　　DTP制作◉Tortoise＋Lotus studio
〈検印廃止〉　　　　　　　　　　印刷◉(株)光陽メディア
Ⓒ大内正伸 2016 Printed in Japan　　製本◉根本製本(株)

定価はカバーに表示。乱丁・落丁本はお取り替えいたします。
内容・写真・イラストの無許可による複製・転載はかたくお断りします。